村上紀美子
Kimiko Murakami

納得の老後

日欧在宅ケア探訪

岩波新書
1489

はじめに——自分の近未来の姿を探して

老いが自分の身にもやってきて、いつか最期の日を迎えることは、誰にとっても一〇〇%確かなことです。しかし「自分にそういう日が来るなんて、考えたくない。とはいえ、内心は心配」。これが本音ではないでしょうか。

「考えたくないのは、よくわかります。でも、自分としてはどこでどうしたいか、を考えて伝えておかないと、まわりの人がどうかかわればいいのかわからなくて、お互いに困ることも起きるのです」。訪問看護二〇年、おおぜいの高齢者を最期までサポートしてきた秋山正子さんの言葉には、説得力があります。

何を準備したらいいのでしょう。老後にいくらかかるのか？　というお金の準備だけでは足りません。お金をどこでどう使うか、自分はどう暮らしたいのか、現実と理想の折り合いをつけて、これなら納得できるという自分の近未来の姿を探しておくことも必要なのです。

私自身が還暦を過ぎ、老いの入り口に立ったころから、出かけるときの支度にずいぶん時間がかかるようになり、これも老いの現れかと気づきました。「年は取りたくない……」とがっかりするか、「今は時間があるから、ゆっくりすればいい」と割り切るか。ちょっとしたことで、老いとのつきあいが違ってくると、近ごろは思います。

老いの日々、健やかなときも、病めるときも、ケアを受けるときも、きっと知恵があるはず……と探したくて、機会あるごとに取材の旅を重ねてきました。取材の焦点は、在宅ケアと看取りケアでした。

日本各地のケアの現場を歩いて、もう四〇年近くになります。

最初のころ、一九七〇年代は、老人病院が全盛で、大きな病室にベッドが何十もずらっと並んで、お年寄りが言葉も表情も失ってチューブにつながれて寝かされていました。その姿と失禁の臭いに息をのみ、いつも大きな衝撃を受けていたことを忘れられません。

その後、日本の介護は欧米の高齢者ケアをどんどん取り入れ、介護保険制度もでき、めざましく変化し続けています。私の身近の高齢者が介護保険や民間のサービスを利用するのを手伝いながら、日本流の在宅ケアが以前よりは整ってきていることを実感します。

ただ、これから一〇年後、団塊世代の多くが七五歳を超える二〇二五年ごろには、人口の半数近くが高齢者で、ひとり暮らしで、かつ多少の認知症があるのは当たり前、という時代になるのでしょう。そうなったときに、今のようなサービスを今のような費用で利用でき、介護の現場で働く人の数が確保できるとは考えられません。それに高齢者ケアのことが、子どもや孫世代の大きな負担になって苦労するのでは困ります。

二〇〇〇年ごろからは、海外取材に出るようになりました。

まず行ったのは米国。日本の医療が大きな影響を受け続けている国です。サンフランシスコ、ミネソタ、ニューヨーク、ヒューストン、ウエイコなど八つの都市で、病院や高齢者施設や大学を訪ね、訪問看護に同行し、そこでは新鮮な発見がたくさんありました。同時に、株式会社が医療機関を吸収合併して巨大化し、管理優先のマネジドケアが進んでいました。

その後は欧州でドイツ、オーストリア、英国、スウェーデン、デンマーク、オランダ、フランスの七か国の二一都市を取材しました。日本の先進的な現場と似ている環境やケアの姿があり、かつてのような「欧州の高齢者ケアのほうが日本よりずっとよい」という状況ではなくなって、日本が欧州を参考にして高齢者ケアを改善してきたことがよくわかりました。

欧州の医療や介護は、行政や非営利団体が運営し、企業経営のよさも取り入れています。人々のメンタリティや気候風土が日本にも通じるところがあり、なじみやすいようにも思います。また、在宅ケアの長い伝統があり、その内容や考え方まで踏み込んでいくと、高齢者のひとり暮らしを支える知恵が豊かです。言われてみれば当たり前だけれど気がつかなかった、というケアや老いに向けての知恵が多く、目を開かれる思いで何度も足を運びました。

こうして取材を重ねてきたなかから、この本では、日本と同様に医療保険と介護保険のあるドイツとオランダ、日本とは異なり税によっておこなわれるデンマークと英国の、在宅ケアを探訪します。

この四つの国の医療や介護福祉については、さまざまな書籍、研究報告や論文、国際的な比較調査が公にされています(表1参照)。しかし、納得の老後を探すためには、客観的な研究や俯瞰《ふかん》的、制度的な調査とともに、リアルな現場の姿へのアプローチも必要だと思いました。

現場、それも取材用に特別に用意された場ではなく、普段の姿を見ることができる現場を訪問することで、ケアやサービスを本当に理解することができます。それも〈利用する人〉と〈提供する人〉との両方を見ることで、全体像がつかめます。こ

比較

デンマーク	英国
71.0	77.5
4.6	5.0
4.5	7.3
15.4/29.3	5.9/8.9

2013 より作成

表1　日本と4つの国の健康感と医療の

	日本	ドイツ	オランダ
健康状態がよいと答えた人の割合(%)*	30.0	64.8	76.4
受診回数(1人、1年あたり)	13.1	9.7	6.6
急性期医療の平均在院日数(日)	17.9	9.3	5.8
医療機器 MRI/CT の台数(人口100万対)**	46.9/101.3	10.8/18.3	12.9/12.5

注：2011年およびその近年のデータ

＊15歳以上　　＊＊ドイツは病院外の機器は含まない

出典：OECD, *Health at a Glance 2013: OECD Indicators,*

のように考え、私は、心惹《ひ》かれる活動を訪ね、魅力的な人の職場を訪問し、取材のチャンスがあればできるだけ現地に出かけました。そして、そのとき、その場でたまたま遭遇した訪問スタッフのその日のスケジュールの訪問に同行し、邪魔しないようにその場にたたずんで、ケアがひと段落したら〈利用する人〉と〈提供する人〉両方と話をしました。これが私流の取材スタイルです。

なお、在宅ケアをテーマにしていますが、この場合の在宅は、必ずしも自宅でなくても、その人が今いるところ、その人が選んだところ、どこであってもその人の暮らしの場を、大切にしたいという意味で用いています。「十分なケアを受けることができないときでも、在宅がいいのか」と問われることがあります。そのとおりで、強いられた在宅暮らしは、よくないと思います。在宅で過ごすことが困難なときは、本人の希望にそって宿泊ができる施設に行けるような、柔軟な対応が重要です。

この本が、ひとり暮らしが急増している日本で、私たち利用者が「在宅ケアを利用して暮らすって、こんな姿もあり得るんだ」というイメージを持ち、〈利用する人〉と〈提供する人〉の関係も含めて、「いつか私が、在宅ケアにかかわるときには、こんなふうにしてみよう」と役立つことを願っています。

そして在宅ケアを提供する人には、サービス提供を支える仕組みや質を向上していくための方法や、専門家育成の教育などのヒントにもしていただければ幸いです。

ドイツは、私が家族とともに二〇〇九年から約三年間暮らした思い出深い土地です。暮らしたのはフランクフルト市郊外の、のんびりしたシュバルバッハ（つばめ）市。人口約一万五〇〇〇のうち、外国人住人が一四％で八〇か国から来ていました。ここのスーパーや露店で買い物をし、市の外国人向けドイツ語講習には三年間通いました。また絵や料理の教室に行ったり、隣近所の人とおつきあいをしたり、ときには体調を崩して家庭医にかかったりもしました。まず、この土地から、欧州の在宅ケア探訪を始めます。

納得の老後

目次

第1章
ひとり暮らしを支える
―ドイツ―

庭に面したピカピカの自宅キッチンで朝の身支度をおえたところ。利用者さんは室内用歩行器を使い、自分でできることは自分でする

ドイツ

人口約 8080 万(2013 年)、高齢化率 20.7%(2011 年)

明治初頭から日本はドイツと交流を重ね、法制度や医学や薬学を参考にしてきた歴史があります。日本と同様に医療保険制度があり、介護保険制度は日本より 5 年早く、1995 年に始まりました。

在宅優先の方針は、ドイツの介護保険法に「優先的に在宅介護と家族および隣人の介護しようという気持ちを支援し、それによって、要介護者ができる限り長い間、その在宅環境にとどまることができるようにすべきである」(第 3 条)と明記されています(訳は田中耕太郎氏による)。

街には「高齢者が気軽に集える場」があり、そこに行けばコーヒーが飲めて食事も安くでき、友人にも会えます。さらに一日中そこで過ごしてもいいのです。「薬局」がたくさんあって、行けないときは配達もしてくれますし、夜間も近隣の薬局が交代で開いています。「介護用品店」、「民間搬送」なども普及しています。

自宅で急に具合が悪くなったりしたときのために、緊急コールシステムも整っています。

またトーマス・マンが小説『魔の山』で描いたような、温泉地での結核療養保養所サナトリウムの伝統をいかした老人ホーム(今はケアホームと呼ぶ)が、各地にあります。

家族やご近所とのつきあい

ヨーロッパの国々では、子どもたちは成人すると家を出て独立するのが普通です。ドイツでも高齢者の子世代との同居は、あまりありません。しかし子どもが別世帯になっても親世代と連絡しあい、訪ねあったり、食事をしたりと交流が多く、育児や介護でも助け合っています。友だちづきあいや近所づきあいも、豊かになされています。

私の住んでいた街では、ご近所七世帯ほどのうち二世帯は、八〇代後半でひとり暮らしの女性でした。自分の暮らしを大切にし、自宅でずっと過ごすのが居心地がよくて自然、というわけです。

週末には子どもや友人たちが来て、食事をしたり、手助けをしたり、散歩をしたりと、いっしょに過ごします。そして、夏の庭の芝刈りや冬の道の雪かきなど大変な作業は、近所の人が自分のところをするついでに、高齢のひとり暮らしの家庭の分もしている姿を、よく見かけました。

表２　高齢者の、近所の人とのつきあい方（複数回答）

		ドイツ	日本
1	相談ごとがあった時、相談したり、相談されたりする	49.6%	22.6%
2	お茶や食事を一緒にする	42.0	29.3
3	外でちょっと立ち話をする程度	32.0	70.7
4	病気の時に助け合う	28.3	9.3
5	趣味をともにする	16.5	20.2
6	物をあげたりもらったりする	14.2	51.6
7	家事やちょっとした用事をしたり、してもらったりする	8.8	10.1

出典：内閣府「平成22年度　第7回高齢者の生活と意識に関する国際比較調査」

注：近所の人たちと週1回以上、おつきあいする人に聞いたもの

ひとり暮らしでも、ひとりぼっちではないのです。

こうしたドイツの高齢者の実質的なご近所づきあいは、調査結果にもあらわれています（内閣府「平成二二年度　第七回高齢者の生活と意識に関する国際比較調査」）。

「同居の家族以外に頼ることができる人はいるか」という問いでは、「別居の家族・親族」が一番多いのは、日本（六〇・九％）もドイツ（七三・三％）も同じです。ドイツの特徴は「友人」と「近所の人」も約四〇％と多いこと（日本は、それぞれ一七〜一八％）。日本の特徴は、同居の家族以外に頼れる人は「いない」が、二〇％もあることです（ドイツは五・四％）。

「近所の人とのつきあい方」についての問いで

は、表2のように、日本は、外でちょっと立ち話や物をあげたりもらったりと、淡いつきあいです。

また、近所の人とほとんど交流がないと言う人が、日本は三一・六％もいます。ドイツは、近所の人とほとんど毎日交流があるのが四〇・五％で、週に二〜五回が三五・八％です。

このように、別居の家族との交流と近所の人との実質的なおつきあいで、高齢者のひとり暮らしが支えられているように思います。そのうえに、在宅ケアが充実していることが、高齢夫婦やひとり暮らしでも自分の家で最期まで過ごすことを可能にしているのでしょうか。

よろず相談所

ひとりで暮らしていると、電球が切れた、役所のむずかしい書類をいっしょに読んでほしいなどといった、ちょっとした困りごとがいろいろと起きます。

そんなときの助けになるようにと、ドイツには「よろず相談所(Seniorenberatungsstelle)」があります。

ヘンリックさん(右)と社会奉仕活動中の若者

フランクフルト市郊外の、大規模な高層団地の二階にある、よろず相談所を訪ねました。

二〇一二年に訪ねたとき、スタッフは男性看護師ヘンリックさん、ひとりでした。ヘンリックさんは、病院の救急や精神科、そしてホスピスなどでの長年の経験があり、「たいていのことは大丈夫だよ」とのこと。さらにここには、月一回は法律家が来るなど、少数精鋭の態勢です。

その二年前に訪ねたときにはもうひとり、良心的兵役拒否で社会奉仕活動中の若者がいて、こまごまと働いていたのですが、二〇一二年には姿がみえませんでした。この間の二〇一一年にドイツでは兵役制度が廃止されたので、良心的兵役拒否の若者もいなくなったのです。この若者たちは、大勢が病院や学校や福祉施設などで活動していたので、「彼らがいなくなったことは大きな痛手」という声を、当時、あちこちで聞きました。

さて、よろず相談所は週三回、開いています。どんなふうに利用されているのでしょう? 相談は無料で、誰でも予約なしで訪ねてよいし、日々の暮らしにかかわる健康・法律など、相談内容は、なんでもとりあえずはOKです。日本流に言うと3LDKの室内で、居間にあるソファで落ち着いて話を聞き、スタッフの可能な範囲で対応したり、適切なサービスや機関につないだりします。

「離れて暮らす家族と連絡がとれない」という人には、連絡先を確かめたり、電話をかけたりします。「買い物や受診に、ひとりで行けない」という人には、いっしょに行くようにします。薬の飲み方の助言、手紙の代筆、酔っぱらいのけんかの仲裁でも、救急車の手配でも、とにかく対応します。成年後見人の手続きや、「事前意思表示を書いておきたい」、「病院にかかったが、医療ミスじゃないかと思う」など、持ち込まれる相談は実にさまざまです。なかには、よろず相談所の開く日には毎回通ってきてもう一〇年になるという、お年寄りもいました。

ある女性の相談は、「手術をして退院後、自分で自宅を掃除できない。市の家事援助を頼んだが認められなくて困っている」というものでした。どう対応したのか聞くと、「彼女が元気になるまで八週間、よろず相談所から掃除に通ったよ」とのこと。こういうときには社会奉仕活動中の若者が活躍するそうです。

「いろいろな高齢者が、事故なく平穏に暮らしていけるようにするのが、よろず相談所の仕事。自分で努力せず怠けて頼ってくる人かどうかは、よく見極めている。また、お金を貸してほしいという相談は断る」とヘンリックさん。

よろず相談所のルーツをたどると、第二次世界大戦後までさかのぼります。敗戦で壊滅的な被害を受けたドイツは、復興のために大勢の移民労働者を受け入れており、その人たちの住まいとして、大規模な住宅が建設されました。私が訪ねたこの団地もその一つで、一九七〇年ごろに建てられ、二〇階建てが何棟も並んでいて壮観です。

ここに、ドイツ社会に慣れていない多国籍の人々が住むうえでのサポートのため、無料の「よろず相談所」が、団地設計の最初から計画されたのです。最初は自治体の職員が詰めて活動していました。その後ベタニアという教会系の団体が行政から委託を受けて、活動を継続しています。

この団地には約三〇〇〇人が住んでいます。六五歳以上は約八〇〇人いますが、このよろず相談所の利用者は、約六〇～七〇人ということでした。

「利用者が少ないのでは？」とたずねると、ヘンリックさんは「利用者が少ないのは、ちゃんと暮らせているということだから、よいのではないでしょうか？　こちらが援助しようとしても、嫌がる人や助けてほしくない人もいます。利用者を増やすことばかりめざすのは、考えものでは」という返事でした。言われてみればもっともです。

でも、さらに突っ込んで「ここを利用すると助かる人が、もっといるのではありませんか？　こちらから探しにいかないのですか？」とたずねると、意外な言葉が返ってきました。「それは、ドイツではしません。個人の生活が監視されることなので、よくないから」というのです。日本流では「見守り」と思いますが、ドイツではかつてのナチス時代の反省もあり「個人の暮らしの監視」を注意深く避けるのでした。確かにそういう面も気をつけなければと、気づかされました。

このように、ここには日常茶飯の困りごとを、その都度持ち込めます。いっしょに問題を整理したり、さらに適切なアドバイスやサポートが得られれば、自立して暮らせる月日を少しでも長くできるのです。

日常のなかの家庭医

在宅ケアのキーパーソンとして注目度が高まるのが、かかりつけ医です。ヨーロッパの各国では「家庭医」と呼ばれて伝統があり、地域に根づいています（「一般医」、「総合医」などとも呼ばれるが、通称は「家庭医」が多い）。

家庭医は、日常的によくある病気や健康問題を、診療科にかかわらず総合的に診ることのできる教育・訓練を修めた専門医です。そして訪問看護師、助産師、理学療法士、作業療法士など多職種と連携して対応します。受診する患者のなかで、専門医や病院での検査や治療が必要な場合は、適切な医療機関に紹介し、患者の代弁者として専門医療との間をとりもち、検査や治療が終われば、また引き継ぎます。

家庭医の選び方は国のシステムによって異なり、英国、オランダ、デンマークなど、家庭医に人々が登録するのが義務となっている国も多いのです。

ところがドイツは、日本と同じように、どの医師にかかるのかは患者の自由であり、家庭医を持つことは義務ではありません。それでも、ドイツの医療にくわしい田中伸至さんによると、ドイツで保険診療をおこなっている医師はおよそ一二万人で、そのうち家庭医は半数近い五万七〇〇〇人(二〇一〇年末)にのぼり、現実に、ドイツ国民の九〇%以上は家庭医を持っています(「ドイツの家庭医と医療制度」『健保連海外医療保障No.93』二〇一二年三月)。これはつまり、家庭医を持つことには〝実質的なメリット〟があることを物語っているのでしょう。

私もドイツに住んでいたときに、家庭医にかかりました。腰痛がひどくなったのです。それまでも日本の整形外科で処方された痛み止めをずっと飲んでいたのですが、底をつき、痛くてどうしようもなく、日本語の通じるという家庭医に、電話で予約をして行きました。

家庭医の診療所はスーパーの向かいの銀行の二階、バス停のそばの便利な場所にありました。受付で名前

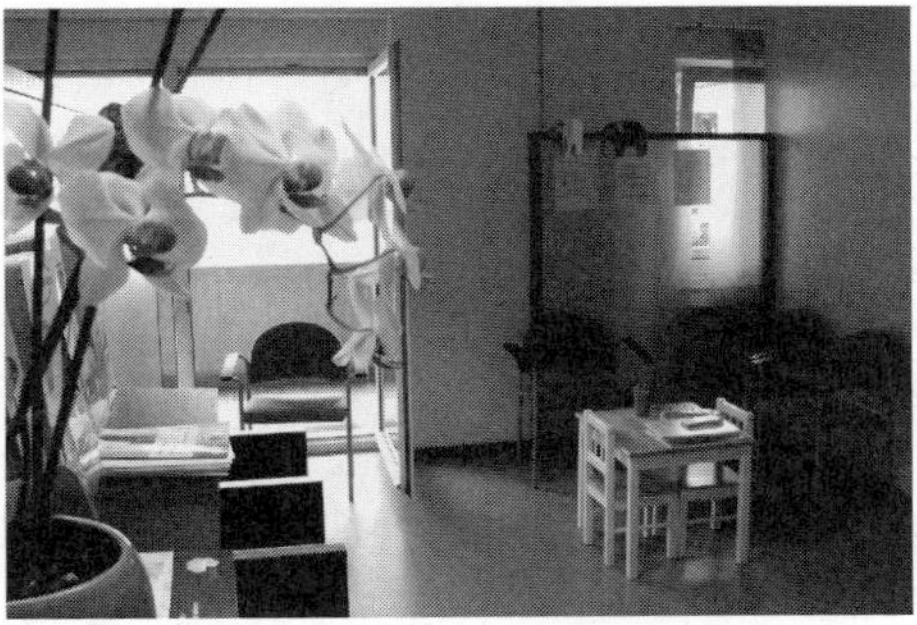

家庭医の診療所の待合室。小児の患者用に、かわいい椅子やテーブルとおもちゃや絵本も常備

を告げ、待合室に。そこに具合の悪そうな人が何人も待っているのは、日本と同じです。待合室には、子ども用の椅子とおもちゃもあります。

間もなく呼ばれると、一〇畳以上ありそうな部屋の真ん中に、大きなデスクがあり、座って待っていると、隣の部屋のドアから日本人の女医さんがさっそうとあらわれました。ドイツで医学を学び、フランクフルトで開業して二五年になる、令子ヒッツィガー医師です。向かいの椅子に座るなり、明るい声で「どうされましたか?」。聞かれるままに、私は今の痛みと、これまでの経過をひととおり訴えました。その後で、医師は私のそばに来て、「ちょっと立ってみてください」と私の姿勢や体の動きを診たり、手を当ててどこが痛いか探りました。

私は「整形外科に行くべきでしょうか、それとも、こちらで診てもらえますか」と、気になっていたことを聞きました。すると「私はスポーツ外科を学び、鍼《はり》治療もしているので、腰痛はよく診ています。検査や手術が必要なときは病院を紹介しますよ」という説明で、そのとき私は「ああ、これが家庭医なんだ」と実感しました。

最初のころは、痛み止め薬の処方と腰痛体操の指導が主でした。日本の参考書も紹介されたのでさっそく取り寄せて、実践あるのみです。何度か通ううちに体操指導が増えて、痛み止め薬が減っていきました。家庭医と話すとなんだか元気になり、「医師―患者の信頼関係の効果なのか！」と思い当たったのです。

後日、目の具合が悪くなったときも、ヒッツィガー医師に受診しましたが、そのときはすぐに眼科の開業専門医を紹介されました。「私もかかっていまして、よい医師ですよ」というわかりやすい紹介で、ドイツ語の連絡メモをすぐ準備して「眼科医に、これを渡してください」と手渡されました。

眼科医の予約が数日後にとれたのでかかると、眼科医は英語で説明してくれましたが、メモも書いてくれて「これを家庭医に渡すように」と手渡されました。その足で、家庭医に行ってメモを渡すと詳しく説明してくれて、今後のことを安心して相談できた、というプロセスを経験したのです。

＊＊＊

家庭医の仕事について、ヒッツィガー医師に聞きました。

近年は、何人かの家庭医が組んで開業することが増えています。複数の診療所が同じ建物に開業するだけ、という組み方もありますが、ヒッツィガー医師の場合は、ロシア人の女性医師と二人で開業しており、受付や検査のスタッフは共通です。患者はそれぞれ二〇〇〇人くらいで、必要に応じていっしょに診ています。ドイツ語、ロシア語、英語、日本語の四か国語対応なので、幅広い患者を診ることができるのです。二人の医師は、診療中はお互いに会えないので、お昼の食事はなるべくいっしょにして、もろもろの情報交換や患者のことを相談しあっています。

ドイツで働く人は、年間の休暇日数が法律で二六〜三〇日(年齢で異なる)と定められ、必ず休まなければなりません。家庭医が休みをとると、その間の患者の診療が心配ですが、二人の医師が交代で休めば、診療所の休みは短期間ですむのです。患者にとっては、一人の医師が休みの間はもう一人が診てくれるので助かります。患者情報が全部コンピュータに入っていて、医師がすぐに引き出せるので、できることです。

外来の受付時間は、毎日九〜一三時ですが、血液検査などは朝七時四五分から、予約患者は九時ごろから診察を始めます。長年診ている患者が年を重ねて通院がむずかしくなると、往診も断れません。冬場は、高齢者は外出がおっくうになるので往診依頼が多くなり、一日二〜三件は行きます。往診は時間がかかるので、新規はあまり受けないそうです。近くの高齢者住宅やケアホームに住む患者には、出張して診ています。

家庭医と患者とのおつきあいは長くなります。たとえば、最初は夫婦と子どもの家族だったのが、子どもが巣立ち、夫を見送ったあと、妻がひとりでゆっくりだけどしっかり暮らしていく歩みをともにするのです。家庭医は人間が好きな人が多いのですが、人間好きでないと務まらないとも言えます。

そして、看護師や介護士の訪問が必要な患者には、ソーシャルステーション（一八ページ）を依頼することもあります。

たとえば、持病があったり弱っても、自宅でずっと過ごしたいと希望する人、あるいは、高血圧や糖尿病などで服薬が必要なのに「どう見ても、薬を飲んでなさそう」とか「飲んだことを忘れて、飲みすぎの疑いがある」人をサポートするのです。

患者に認知症があると、診察したときに質問しても答えが返ってこないとか、「はい」と患者がよい返事をしていても事実は違っていた、ということもあります。家庭医が、訪問看護師に「もしおかしいと思ったら連絡をください」と頼んでおけば、異変があるときに「ちょっと往診してください」と家庭医に伝えてくれるので安心なのです。

このように、家庭医は仕事の幅が広いのが魅力ですが、すべてに対応できる実力を学ぶのには厳しい教育が必要です。家庭医になろうとする人は、医学部や病院研修のときから外科や内科や産婦人科など幅広く勉強します（巻末参照）。

家庭医になってからも、研鑽《けんさん》はずっと必要です。家庭医ができることは限られていても、広く知らないと務まりません。自分で計画を立てて「自分は、ここを知りたい」という分野を次々に学び、その資格を取ることもできます。ヒッツィガー医師は、そのようにして、鍼治療やスポーツ医学を学びました。

フランクフルト北部地域の家庭医は一〇人ほどのグループで、自主勉強会を年に六回ほど計画して、何十年も続けてきました。そのときどきの健康問題や増えてきた病気や患者への対応など、新しい知見を学ぶためです。「自分たちの地域で、近ごろ精神的な問題を抱えた患者さんが増えているから、対応を学んでおこう」というように計画します。患者が精神科医にかかる前のためらっている時点で、最初に気づくのが家庭医の大切な役目なのです。

全国的には二〇〇六年ごろから、家庭医に年に六回の研修が義務づけられました。週末のみや木、金、土、日の四日間や、一週間など、さまざまな研修のチャンスがあります。研修に参加するために診療所を閉める間は自分の患者を、グループの他の家庭医に頼みます。

「どんな患者に、家庭医システムが必要なのでしょうか?」と、ヒッツィガー医師の意見を聞いてみました。

「年に何回か風邪にかかるくらいの方なら、家庭医は、とくに必要ないでしょうね。でも、患者さんが、糖尿病も高血圧も腰痛もと、あれもこれもあるような状態だったり、患者さんご自身がどうしたらよいか判断できないような状態だと、家庭医が必要ですね」

家庭医システムは、患者が人生の中でいろいろな健康問題に次々に直面してきた経過をわかったうえで、診療科を問わずに総合的な診療をおこない、治療はもちろん、さまざまな職種と連携して生活指導や予防をし、在宅ケアにもつないでいきます。

さらに、もし認知症の問題があらわれるようになっても、家庭医は、その人が元気だったころの生活背景や考え方までわかっているので長期的に対応できるのです。看取りケアや、看取った後のご家族のグリーフケアまで、かかわりは続きます。まさに〝継続的な包括ケア〟だと思いました。

その後、私は日本に戻ってまもなく、腰痛がまたぶり返してしまいました。ある朝目覚めると、右腰から足先までの強烈な痛みで起き上がれません。さあどうしよう。

私は、ベッドに寝たままパソコンを布団に乗せて、インターネットや電話で腰痛治療をしてくれるところを探すしかありませんでした。近くに開業医や整形外科病院がいくつもあるけれど、どこがいいのか、みな初めてだし、歩けないのにどうやって行くのか……。「ああ、ここに私の経過を知っている家庭医がいてくれたら、すぐ電話して、どうしたらよいか、アドバイスをもらえるのに……」。家庭医システムは日本にも絶対必要、と痛感したのでした。

ソーシャルステーション

家で暮らしていて身の回りのことが自分でできない状態になると、在宅でのケアが必要になります。日本で言う「ケアマネジメント+訪問看護+訪問介護」をおこなうソーシャルステーション(Sozialstation)の出番です。家庭医の処方にもとづく医療処置や、清潔を保つこと、食事、排泄、移動などの身体援助ケア、掃除や洗濯など家事援助、日常の困りごとの相談や楽しい話し相手など、心理・社会的ケアなどを利用者のニーズに応じて計画し、おこないます。

ソーシャルステーションは、ドイツで介護保険が一九九五年に始まってから増えました。たとえば、約六五万人が住むフランクフルト市には、約一四〇あります(二〇一一年)。患者はステーションを自由に選べるので、サービスや料金の競争は厳しいそうです。スタッフ数が三人くらいの小事業所から、大きくても五〇人くらいという規模は、日本の訪問看護ステーションに似ています。

取材したディアコニー・ステーション(Diakoniestation)・フランクフルトは、フランクフルトでも大きい全国組織の老舗事業所で、公益的な有限会社(GmbH)です。五〇人前後の看護師と介護士が、四二〇～四八〇人の利用者を訪問しています。利用者はひとり暮らしが多く、訪問頻度は週一回から、最大で一日四回(たとえば、朝、昼、夕、寝る前)です。

営業時間は最大で、朝五時から夜二三時までで、スタッフは交代制をとっています。といっても、ドイツの通常の勤務時間である朝七～一四時ころの訪問が主で、夕方(一七～二〇時ころ)の訪問が必要な利用者は、そんなに多くありません。そして二三～翌朝五時は、訪問スケジュールは組まず、緊急コールの対応になります。

＊＊＊

実際の在宅ケアは、どんなふうにおこなわれているのでしょう。フランクフルトで、訪問看護に同行しました。

早朝六時五〇分、訪問看護師のベーベル・ヘンさんといっしょに出発です。ベーベルさんは、訪問看護に携わって二二年、時間内はしっかり働き、それ以外はしっかり休み、夏休みは三週間でした(これはドイツでは普通です)。「でも今年の夏休みは家で過ごしていた」というのでわけを聞くと、高齢で弱った愛犬の世話のためでした。二四歳になる息子は、家を出て独立して暮らしています。

ベーベルさんのこの日の訪問予定は、朝七時から一二時までの勤務時間の間に六軒。今日は少ないほうで、一四軒訪問したこともあったそうです。

ケアに必要な物品は、各利用者の家庭に配送されているので、訪問する際の持ち物は少なくてすみます。携帯型の端末と、身分証明書としてのパスポート、使い捨て手袋の入った小さいポシェット、そして利用者のお宅のカギの束くらいです。

訪問する利用者はひとり暮らしが大半ですし、玄関まで自由に歩けない方も多いので、ソーシャルステーションで、玄関のスペアキーを預かって管理しています。また、セキュリティのしっかりした集合住宅では、建物の入口にカギ置場があり、そこを開けるためのその日ごとに変わる暗証番号を、訪問スタッフは携帯型の端末で確認して、カギを取り出して玄関を開けていました。

利用者は、自分のできることは準備して、訪問スタッフを待ちかまえています。ベーベルさんはきわめて手際よくコンパクトなケアをしながらも、利用者に「ゆっくりね」と、やさしく声をかけているのが印象的でした。

九八歳のひとり暮らしの女性：七時一五分［一日二回訪問］

最初の訪問は、九八歳のひとり暮らしの女性、Aさんでした。訪問看護の支えで一日が始まる方ですから、遅刻は厳禁です。

集合住宅の二階。ベーベルさんが呼び鈴を押して、預かっているカギで玄関を開けて入ると、Aさんは歩行器を使って、居間からバスルームへ動き始めていました。呼び鈴が合図だったのです。

ベーベルさんは、歩行器を操っているAさんに「ゆっくりね」と声をかけながら、すばやくビニールのエプロンと使い捨ての手袋をつけてバスルームへ。このお宅の手狭なバスルームで、手すり付きトイレにタオルを敷き、そこに座って清拭《せいしき》です。ベーベルさんがタオルをお湯で絞ってAさんに渡すと、自分で顔をごしごし。頭や体など本人の手が届かないところは、ベーベルさんが清拭していきます。筋肉質できれいな肌です。

身体を拭いて、下着をつけて、「どの洋服にしますか？」とベーベルさんがたずねると、今日は花柄のワンピースを希望でした。髪をとかして、指輪をはめたところで、またゆっくりと歩行器で居間に戻ります。

陽の当たる居間で朝の支度を整えて「ハウスブック」を見ながら語り合う。日本流に言うと大きめの1LDK

ペンダント型の緊急コール発信機もつけました。この発信機は、ペンダントや腕時計の形をしているので身につけることができ、助けがほしいときに押せばコールセンターにつながります。コールセンターは話を聞いて、状況や緊急度により、どこが対応するのが適切かを判断し、救急病院、家庭医、ソーシャルステーションなどに対応を要請する仕組みです。

居間の安楽椅子に落ち着いたところで、ベーベルさんは手袋を替えました。そして、Aさんの足に乾燥防止クリームを塗り、ひざにサポーターとパットをつけ、ストッキングをはかせ、靴ひもをしっかり結び……。その間ずっと話しかけ、健康状態も観察しています。Aさんもいろいろ話しながら、珍客の私には英語で話しかけてくれました。教職についていたということで、英語が上手でした。

身体を拭いてさっぱりしたAさんがしばし休んでいる間に、ベーベルさんは室内を簡単にさっと片づけます。寝室ではベッドの布団やカバーを整え、ポータブルトイレの尿を片づけました。バスルームでは濡れた床を滑らないようにサササッと拭き掃除して、手袋をポイ。また居間に戻ると、Ａさんがカーディガンを着ようとしているので手伝いました。そしてベーベルさんは自分の手を消毒して、女性に目薬をさしました。

最後は、各家庭に置いてある利用者カルテ「ハウスブック」に記録して、朝のケアが完了です。ここでの滞在時間は約四〇分、ケアの手順は、ていねいで手早くきっちりと見事でした。帰り際にゴミを出して帰っていくベーベルさんに、Ａさんは二階の窓から手をふって「また夕方ね！」と。その後の夕方の訪問は、点眼と安否確認程度で、ごく短時間だそうです。

ベーベルさんは携帯型の端末を取り出すと、一軒目の訪問終了を入力し、次の訪問先の情報を確認しました。

Ａさんは九三歳のころから、土日も欠かさず毎日、朝夕二回の訪問が入ることで、五年後の二〇一〇年には九八歳のひとり暮らしの生活が保たれていました。さらに二年後の二〇一二年に再訪した折に、この女性のことを聞くと、「彼女は一〇〇歳を迎えましたよ、私たちのケアがよいからね！」と所長のダニエラさんはウインクしました。

パーキンソン病のひとり暮らしの男性：八時五分［一日三回訪問］

二軒めは、車で五分の距離でした。緑あふれる美しい中庭のある団地です。ベーベルさんは、一階で玄関ポストの手紙をとって、エレベーターで三階にあがり、預かっていたカギでドアを開けて部屋に入りました。

居間のベッドで寝ているBさんに、「おはよう。よく眠れましたか？」と声をかけます。Bさんはずっと独身。インテリア関係の仕事だったので、室内は趣味の陶器で美しく飾られています。ここは、朝、昼、夜の一日三回の訪問で、食事の準備もしています。

ここでもベーベルさんはフル回転です。まずは、キッチンで朝食用のお湯をセット。次にシャワーの準備をして、介護ベッドの頭のほうをあげて、尿パックを片づけます。

その間に、Bさんは自分でベッドから起き上がり、ベッド端に座りました。ベーベルさんはキッチンで朝食のコーヒーを準備してもどりました。ベッド上にしっかり座ったBさんの、上半身を清拭し、顔はBさんが自分で拭き、その間もずっといろいろ話しかけています。「昨日の夜、コールを押したんですね……」と、携帯型の端末で昨夜、Bさんが緊急コールを鳴らしたことを把握していましたので、話題に出しました。

それから、Bさんがベッドから立ち上がり、車いすに移乗する動作を介助して、バスルームに移動し、下半身の清拭に移ります、本人の手が届かないところはベーベルさんがします。

Bさんが自分で歯磨きしている間に、ベーベルさんはキッチンで、手早く朝食を整えました。ここでのメニューは、オートミールにミルクと砂糖を入れて煮たものと、インスタントコーヒー。朝食ができたところで、Bさんを車いすでバスルームから居間へ連れて行き「朝食をどうぞ」。Bさんが食卓で朝食の間にむせると「ゆっくりね」と声をかけました。

ベッドからバスルームに移るところ。介護ベッドの上には、手が届く高さに起き上がるときにつかまる輪、ベッドの下には尿パック、横には室内用車いす(ポータブル便器兼用)、歩行器、手前の戸棚には緊急コールの発信機がおかれている

Bさんが自分で朝食を食べている間に、ベーベルさんはベッドを整え、バスルームを片づけ、脱いだ衣服を洗濯機に入れました。干すのは、昼に来るスタッフです。続いてもう一つの部屋(もとは寝室、今はケア用品置場)に行き、薬品やオムツなどを確認して、足りないものはないか調べて追加注文をします。

Bさんは、朝食が終わると立ち上がり、日中を過ごす安楽椅子に移動するのを、ベーベルさんが「ゆっくりどうぞ」と声をかけながら見守り、必要なところだけを介助しました。

そして昼の訪問スタッフが来るまでの間、Bさんがそこに座ったままで快適に過ごせるよう、順次整えていきました。まず、安楽椅子の両側の小テーブルに、必要な品を整えます。飲み物、一口大に切った果物のお皿、電話、テレビのリモコンが次々に並びます。次に、Bさんの足を楽な位置に上げて毛布をかけて、落ち着くようにしました。窓のカーテンのあけ具合や電気の明るさを、Bさんに確かめながら好みのように整えます。

さらに仕事は続きます。食器を片づけ、キッチンはササッと拭いてぴかぴかです。食後の薬を飲むのを確かめ、ゴミをまとめ、「ハウスブック」に記録。帰りにゴミを捨て、携帯型の端末に訪問終了を入力して、ようやく完了です。ここでの滞在は五六分でした。

高齢の夫婦、二人暮らし

次の訪問先は少し遠くて二〇分ほど車で走りました。高齢のご夫婦二人暮らしのお宅です。認知症のある夫のシャワーや朝の身支度をしました。

次のお宅も高齢夫婦で暮らしています。ここでは、脳梗塞の後遺症でほぼ寝たきりの夫のモーニングケアやベッドのシーツ交換をしました。そして介護疲れの見える妻の話を聞いてねぎらいました。

滞在時間は、それぞれ約二〇分ずつでした。

以上、四軒終わったところで一一時、私の同行訪問はここで終了です。

ベーベルさんとの別れ際に「ひとり暮らしの方は、最期はどこで過ごすのでしょうか？」とたずねてみました。すると「私たちにとっては、在宅での看取りがふつうです。自分の家のベッドで息を引き取るのは、とてもよいことだと思います」と、あっさり頼もしい返事を残して、ベーベルさんはさらに二軒の訪問先に向かいました。

こうしたサポートが人生最期の日まで続くのです。さらに「看取り付き添いボランティア」を頼むこともできます。

なお訪問看護師は、利用者の家で各種の医療的な処置もおこないます（コラム参照）。ベーベルさん以外の訪問看護師に同行訪問したなかでも、糖尿病のインシュリン注射、じょくそうなど傷のケア、ストーマ（人工肛門等）ケア、浮しゅの弾性包帯の交換、モルヒネパッチの交換、足爪のケア、服薬管理（一週間分のセット）など、多様なことがなされていました。

在宅ケアで訪問看護師がおこなう医療的処置のメニュー

医療保険からカバーされるのは、次のとおり。基礎的在宅ケア処置、上部気道の吸引、気管支洗浄、人工呼吸器の操作とモニタリング、膀胱洗浄、血圧測定、血糖値測定、じょくそう処置、ドレナージ、摘便、浣腸、点滴による水分・栄養の補給と調節、吸入、インシュリン注射、筋肉注射、皮下注射、点滴の刺入、氷のうで冷やす、恥骨上カテーテルの挿入、膀胱カテーテルの挿入、留置カテーテルの指導、胃ゾンデ（栄養チューブ）の挿入と交換、与薬の調節、塗薬の塗布、目薬の投与、胃ろう処置、ストーマケア、気管カニューレ交換とケア、中心静脈カテーテルのケア、包帯交換、圧迫包帯の交換、傷の処置をともなう圧迫包帯の交換、下肢の潰瘍の圧迫治療、弾性ストッキングの着脱、ギプス交換、尿道留置カテーテルの処置など。

二〇一二年三月ディアコニー・ステーション・フランクフルト、ダニエラ所長に取材

（訳　内田元子、村上紀美子）

在宅ケアを利用するには

訪問看護を見せていただくと、利用者によってケアの内容や頻度はずいぶん違うことがわかりました。訪問の依頼からケアの内容の決定までを、ディアコニー・ステーション・フランクフルト所長のダニエラ・ホッフラー・グライナーさんに聞きました。

ダニエラさんは一九七五年に看護師資格を取り、その後、管理者コースを修めて、今は所長を務めています。今の職場に勤続二〇年。

最初のころは、担当患者も一〇人くらいと少なく、今のようにたくさんの書類もなかったので「患者さんといっしょに時間を過ごし、患者さんの立場で働けた。今は組織の立場で働かなければならないことが、大きな違い」と感じているそうです。夫と二人暮らし。子どもたちは成人して独立しました。

訪問依頼からサービス開始へのプロセスは次のように、すばやくて実際的です。

(1)在宅ケアの依頼

「在宅ケアが必要、訪問してほしい」という依頼は、本人や家族から、あるいは家庭医や入院先の病院などから、ソーシャルステーションに来ます。これは、どの国でも同じです。

(2)初回の訪問で状況やニーズを把握し、ケアの計画をたてる

依頼が来るとすぐに、ステーションのスタッフが自宅を訪問して、本人と家族との〝最初の話し合い〟をします。「ひとり暮らしの人でも、このときは家族がいてくれたほうがよいです」とダニエラさん。ご本人から話を聞き、状態や環境を把握し、どんなケアがあればよいか判定して、実際にどういうケアと処置を、どういう職種のスタッフで提供するか、何時に来て何をするかなどの計画をたてます。

壁に貼ってある訪問スタッフ約 50 人のスケジュール表の前で、ダニエラさん

このときに、なるべく本人の希望を聞いて、希望にそって計画します。たとえば、「私は朝ゆっくり寝ているから、一〇時からのサービスにしてほしい」、「私は早起きだから、七時には来てほしい」などの希望も出ます。そして室内に入るときのカギの受け渡しなども、具体的に相談して決めてゆきます。

費用面の話し合いも大事です。

ドイツの介護保険の費用は、自分の利用したサービスの費用を、まずは介護保険から支払い、保険の限度額を超えた分は、自分で払うという仕組みです。限度額は三段階の介護度によって決まりますから、その範囲内でどのサービスが利用できるか、はみ出し分を自己負担できるかなどを相談します。

ちなみに限度額は、一番軽い介護度Ⅰで月額四五〇ユーロ、介護度Ⅱで一一〇〇ユーロ、介護度Ⅲで一五五〇ユーロ、介護度Ⅲで特に困難な場合は一九一八ユーロとなります(二〇一二年一月改定)。

また、親族などが高齢者を介護するために仕事を辞めた場合には、失業期間の年金の保険料や労災保険料なども支払われています。

このように〝最初の話し合い〟は、相談して決めることが多くて時間もかかります(三七ページのコラムのサービスメニューのうち「給付14」を参照)。

(3)すぐサービス開始

初回訪問で作成したケアの計画で、すぐにケアを始めます。二〜三回、ケアをおこなうことで、実際に必要なサービスを見極めることができて、計画を修正することもあります。

(4)費用の見積もり

サービスにかかる費用を見積もります(料金表は、各事業所が独自に設定)。医療サービスは医療保険から出ます。介護サービスは介護保険で賄います。そして事務経費(訪問車費、オフィス費、文書事務費などとして、料金の七・五%)は保険からは出ないので、利用者の自己負担です。全部の見積もりを出して、それが利用者とソーシャルステーションとの契約内容になります。

(5)医療保険と介護保険の手続き

その後、医療保険と介護保険の手続きをします。利用者が病院に入院中なら病院が手続きし、自宅にいるならソーシャルステーションがします。結果がでるまでに通常で四〜六週間くらいかかるそうです。

＊＊＊

サービス利用までの段取りを聞いて、驚きました。ドイツでは、初回の訪問で家族や本人との相談でケアの計画をたて、まずサービスを開始して、手続きは後！　ができているのです。

でも、サービスを始めたあとで保険からOKがでなかったら、どうするのでしょう？　ダニエラさんに聞いてみると、答えはこうでした。

「われわれは長年経験を積んだプロですからね。利用者さんに必要なサービスがどの程度保険でみてもらえるかは、だいたいわかります。でも、もちろん、われわれの見通しが外れることもありえるので、そのときはサービス費用が全部利用者さんの自費になってしまう、というリスクはあります。でもね、利用者さんにそのとき必要なサービスは、提供しなければなりません」

ディアコニーだけでなく、ドイツのどのソーシャルステーションも、この方法をとっているそうです。

日本で「介護保険サービスがいま必要なのに、手続きに一か月かかるのでは、間にあわない」という嘆きを聞くことがあります。ドイツの様子を知るうちに、手続きも大事だけれど、必要なケアサービスをまず提供することを優先するのは当然と言えば当然だと思えてきました。〝ケアサービスが先、手続きは後〟は日本でも必要なことですし、もっと普及してもいいのではないでしょうか。

また、サービスメニューの料金は、各ソーシャルステーションが独自に設定します。ディアコニーは高いほうで、そのぶん、サービス内容には自信があるというわけです。

在宅ケアのサービスメニューごとに、ケアに必要な時間を四分とか三〇分と細かく積算していって、サービスの単価はいくら、と決めているそうです。ダニエラ所長は「たとえばパーキンソン病の利用者さんは、ゆっくりしか動けませんから、ケアに時間がかかっても、料金は規定通りとなってしまい、働くスタッフにはつらいところです。もちろん利用者さんは、よくケアされていますがね」と解説してくれました。

在宅ケアサービスのメニュー(二〇〇九年一二月一日現在)

介護保険でカバーされる在宅サービスのメニュー。ディアコニー・ステーションの例。「給付1～3の身体ケア」の1は清拭、2はシャワー浴、3は全身浴の違い。サービスを利用する人は、1～3のいずれかが必須で、あとは、必要性と費用に応じて選択する。

◇給付1：身体ケア(小)
• 基本セット(必須)－衣服の着替え、部分清拭、口腔ケア
• 選択給付－就寝・起床援助、整容、整髪、ひげそり、排泄のための簡単なヘルプとサポート、失禁時の着替え
◇給付2：身体ケア(大)　全身清拭、シャワーを含む
• 基本セット(必須)－衣服の着替え、全身清拭、シャワー、口腔ケア
• 選択－給付1に同じ
◇給付3：拡大身体ケア、全身浴
• 基本セット(必須)－衣服の着替え、全身浴、口腔ケア
• 選択－給付1に同じ
◇給付4：自力で動けない人のベッド上の体位変換や姿勢保持
• ベッド内で動けない状態の身体ケア。ベッド上で、または起きるときに正しい姿勢を保ち、二次的な症状予防や苦痛緩和のために、補助器具〔クッションやマット〕を使用したり、必要に応じて部分清拭やベッド調整などもおこなう
◇給付5：排泄のための広範囲なヘルプとサポート

・衣服の着替え、立ち上がりの援助、失禁時の着替えの援助などのヘルプとサポート、排泄ケア
◇給付6：食事の援助―シンプルヘルプ
・食べやすい料理を調理する(準備と片付けを含む)、飲食の介助と自分で食べるための声かけ(認知症の人など、声をかければ食べられる場合)、食事に関連する清潔衛生
◇給付7：食事の援助―広範囲のヘルプ(主たる食事)
・主たる食事に関して、給付6に同じ
◇給付8：経管栄養の援助
・経管栄養の準備と片付け、ケアに必要な道具を適切にセット、カテーテルの洗浄
◇給付9：起床と就寝のための援助
・ベッドに入る・起床の援助(日中)、衣服の着替え、起床と就寝の援助(朝晩)
◇給付10：家から外出・帰宅のための移動の援助
・衣服の着替え、家から外出・帰宅のための移動の援助
◇給付11：室内での移動の援助
・就寝・起床、衣服の着替え、室内での移動の援助
◇給付12：活動への同行付き添い(一五分ごとに積算)
・衣服の着替え、外出のための移動の援助、医師への受診など個人的な活動の付き添い

◇給付13：家事援助（五分ごとに積算）
・ベッドのシーツ交換、住まいの暖房管理、家の掃除（ゴミ出しを含む）、衣服などの洗濯、買い物、主な食事の調理、その他の調理、食器を洗う
◇給付14：ケア専門スタッフによる最初の話し合い（初回訪問時の状況把握）
・個人的なケアニーズの確認、個人的なケアプランの作成
・どのようなケアをおこなうかについての話し合いと取り決め
・費用の見積もり、介護契約文書の内容と契約についての助言
◇包括給付セット15：介護認定区分の変更に関する継続的な話し合い
・給付14に同じ
〇緊急コールシステムによる呼び出し
・呼び出しによる家庭訪問は、一回ごとの一括料金

（訳　内田元子、村上紀美子）

＊＊＊

二〇一二年真冬の一月九日に再び、訪問看護に同行させていただくことができました。看護師のカティカ・クリストティィチさんは、ドイツのケアホームで二年間働いた後、今のディ

アコニー・ステーション・フランクフルトで勤続二〇年。クロアチア出身の落ち着いた方です。

零下の朝七時、事務所を出発。カティカさんは携帯型の端末で、その日の訪問ルート、利用者の昨日までの状況やカギの開け方、家庭医などを確認します。今日の訪問は、朝七時から一四時の間に一〇人。滞在時間はその方のニーズによって、一〇分の人、一時間かかる人とさまざまです。

この日訪問した一〇人のうち、ひとり暮らしの人と最期の日々を自宅で過ごしている人をご紹介します。

ひとり暮らしの女性：八時三〇分〔週三回、一時間ずつの訪問〕

利用者のCさんは、清拭のために服を脱いでも寒くないようキッチンを暖めて、訪問を待っていました。

いつも訪問している職員が今日は病休のため、代わりにカティカさんが来ました。まず、各家庭においてある利用者カルテ「ハウスブック」を開けて、前回までのケアと引き継ぎ事項（誰が来てもすぐわかるよう整理してある）を確かめ、また本人にもいろいろ聞きながら、ケアを進めました。

まずは清拭から。清拭は、身体をきれいにして、一日を快適にスタートすると同時に、全身のチェックや傷の処置もおこなう大事なケアです。明るい清潔なキッチンは、お湯も出るので、ここでします。

カティカさんは手袋とエプロンを身につけ、便利な手袋型タオルを四枚、手早く準備しました。Cさんは、椅子に座って安定した姿勢をとりました。

まずは上半身から。カティカさんは、濡れた手袋型タオル、次に乾いた手袋型タオルの順番で身体を拭き、そのあとに乾燥防止のクリームやローションをつけてマッサージ。肩に傷が見つかったので、その場で手当てをしました。本人が、好みの服をちゃんと準備してあり、下着、シャツと着ていきます。

次に下半身に移りました。足から同様に清拭し、服を着せながら、足指の傷も手当てしています。腰に大きなサポーターと腰椎コルセットをつけ、スカートとセーターを着て、今日の身支度ができました。ケアに必要な薬や介護用品一式は、薬局から家に届けられています。

こうしたケアの間、二人は、ドイツ人にとって最重要イベントの一つである「クリスマスをどう過ごしたの?」と楽しくおしゃべり。

Cさんは、室内用歩行器を使い、服の片付けや、食事準備など、できることは自分でしていいます（本章扉写真）。「週に三回、一時間ずつの訪問ケア」で、彼女のひとり暮らしが成り立っているのです。このほかにドイツでは大変重視される掃除は、別な人に頼んであります。私たちが滞在中にちょうどやってきて、黙々と家じゅうをピカピカにしていきました。最後にカティカさんは「ハウスブック」に記録をつけて、帰りにゴミを出して訪問終了。約一時間でした。カティカさんは車に戻ると手指を消毒し、次の家に向かいました。

ひとり暮らしの男性：九時四〇分〔毎日二回、一〇分ずつの訪問〕

車で五〜六分で、一五階建の高層住宅につきました。集合住宅の一部の住戸が高齢者住宅になっており、このようなスタイルは、ドイツでよくみることができます。

訪問先は、ひとり暮らしの糖尿病の男性です。カティカさんは血糖値測定のため、指先から採血しました。そして昨日の食事内容を聞いて食事の指導。男性はチョコレート好きなので、食事の節制がむずかしそうです。また、今日飲む分の薬を渡しながら「自分で忘れないで飲んでくださいね」と、念を押しました。

続いてキッチンに行って、朝食の準備です。この人の好みは、オートミールに温めたミルクとドライフルーツをかけたものでした。飲み物はココア。カティカさんはミルクを温める間にキッチンを、ササッときれいにしてしまいました。

これで滞在時間は一〇分です。一〇分ずつ毎日二回の訪問によって、男性の生活が維持されています。このような短時間で頻回の訪問は、市街地で訪問先同士が近いからできることでしょう。

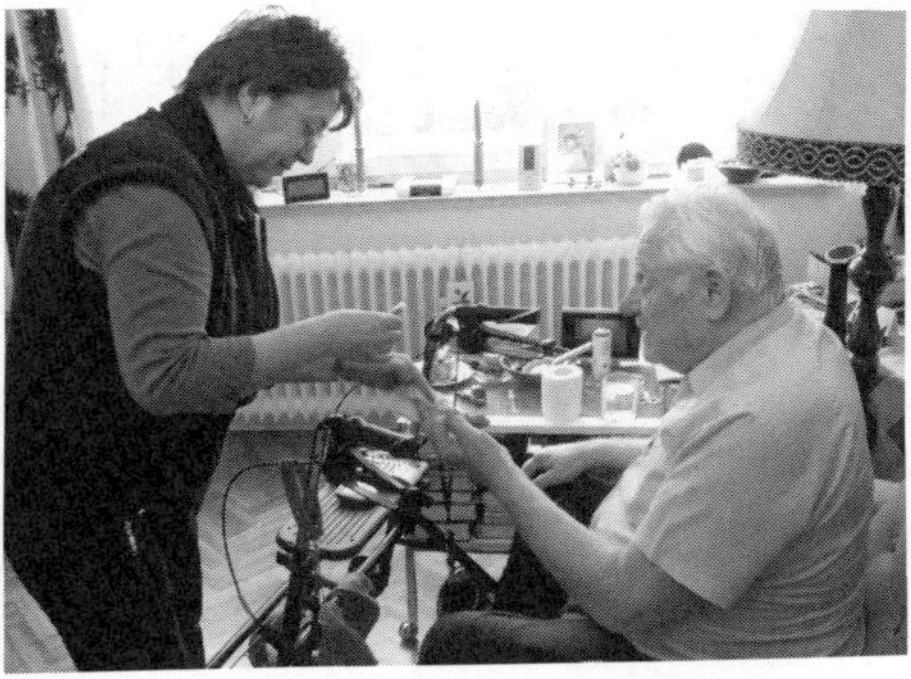
指先から採血して、血糖値を測定

高齢の夫婦二人世帯：一〇時
〔二人態勢で一日三回（合計二時間）訪問〕

三軒めは、四〜五階建ての集合住宅に住む、ご夫婦でした。

夫は、足の血栓や静脈瘤防止のための弾性ストッキングを使っていますが、これはとてもきつく締めつけるので、はくのに力とコツが必要です。カティカさんが手伝ってうまくはくのに五分かかりました。

妻は、訪問看護を始めた八か月ほど前は、歩行器で歩けていましたが、今はもう歩くことも起き上がることも自力ではむずかしく、ベッドに横になっています。意識は明瞭ですが、食事はもう食べられず、口に合うおいしい飲み物を少し味わう程度です。看取りケアが近いようでした。

カティカさんはまず、妻がたくさんの薬を飲むのを介助しました。

しばらくして二人めの訪問スタッフが到着し、二人がかりでていねいに妻の全身清拭を始めました。ベッドにたらいを持ってきて、妻の手をお湯に浸してやさしく洗います。身体は、濡れたタオルで拭いたあと乾いたタオル、そしてローションをつけて、そっとマッサージします。紙おむつを換えて、寝巻を着せて、きれいなスカーフと上着をかけて、今日の身支度は完了です。おしゃべりは楽しそうに穏やかにずっと続いていて、日本から来た珍客（私のこと）も話題になっています。

さっぱりしたところでカティカさんは妻に、きれいな色のジュースの入ったストローつきコップを渡しました。本人が私に「乾杯って、日本語でなんて言うの？」と聞いてきたので、私が教えると、彼女はストローつきコップをなんども掲げて「乾杯」、「乾杯」と。私もジェスチャーで応えていると「今ここで、この方の最期の穏やかな時間を共にしている」という思いが、胸に迫ってきました。

カティカさんは、家に置いてあるケア用品を調べ、不足しているものをメモし、「ハウスブック」に記録を書きました。そして、ケアに使ったゴミもサッとまとめ、帰りに捨てて完了。

この妻へのモーニングケアは、スタッフ二人で一時間かかりました。このお宅は、一日三回(合計二時間)のディアコニー・ステーションからの訪問に加えて、知人による家事援助(掃除や食事や買い物)も受けていました。

五時から二三時の訪問を支える

このような在宅ケアで、さまざまな状態の利用者の起床から就寝までの暮らしと医療が、日々、支えられています。働く側にしてみれば、早朝五時から深夜二三時までの態勢を組むのは、大変そうですが、さて、どうしているのでしょう?

毎日のスタッフの訪問スケジュールを、ダニエラ所長に見せていただきました。

まず、朝七時からお昼までの訪問が多く、起床時のモーニングケアに力が入っていることに気づきました。
利用者は朝、目を覚ますと清拭かシャワーでさっぱりし、洗顔やひげそりをして自分好みの服に着替えてアクセサリーをつけて、一日を始めます。出かける日はもちろんですが、自宅でひとり過ごすだけのときも、誰に会わなくても、認知症の人でも、自分らしい身だしなみを整えることで、気分が引き立てられますし、その人が自分らしさを保つことにつながります。ケアをしている間におしゃべりすることは気分を引き立たせ、その日の心身の状態がわかるので重要です。そして、訪問看護師が全身状態の判断をして、変化を目ざとく見つけるチャンスにもなります。

このモーニングケアの重視は、オランダやデンマークでも共通していました。

前に述べたように、ここディアコニー・ステーションのサービス提供時間は、早朝五時から深夜二三時までで、一日に最大で四回まで利用することができます。たとえば朝五〜六時の間にその日の最初のサービスを利用し、その日の最後のケアを夜二二時三〇分〜二三時に受けることができるのです。

「日本の訪問看護ステーションでは、訪問はたいてい朝八〜九時から夕方五時ころまでですよ」と、ダニエラ所長に伝えると、「あら！」と驚いて「それじゃあ、困る人もあるのでは？　自分でベッドに入れない人は、寝る準備のケアはどうするの？」と反問が来ました。「だから日本ではひとり暮らしがむずかしかったり、ベッドにいる時間が長くなったりすると思います」と説明。

するとダニエラ所長は、「それは大変。でもね、ドイツの訪問看護が夜遅いといっても、実際の利用者さんで〝夜一〇時に寝たい〟という人は少ないですよ。だいたいは夜七時半か八時ころにはベッドに入りますよ」。というわけで実際には、夜遅い訪問は、そう多くないそうです。働く人を想い、私は少しホッとしました。

在宅ケアも病院のように、スタッフは交代制を取っているそうです。

市内をいくつかの地区担当チームにわけて、それぞれで訪問ルートを組みます。たとえば「フランクフルト南地区チーム」は、訪問スタッフが八人で、利用者は五〇人でした。ちょうど、日本の訪問看護ステーションにもありそうな規模です。

交代シフトは二つあります。一つは「六〜一五時の早出勤務」でこれがメインとなり、一日に四人くらいのスタッフが動きます。これでモーニングケアの重視ができるのです。

もう一つは「五〜二三時の勤務」で、このシフトのスタッフは一人か二人です。「その勤務時間は長すぎるのでは？」と確かめると、スタッフは、この時間帯のどこかで自分の勤務時間分を働くので、朝五時から、あるいは夕方から二三時までの深夜を担当することが多くなります。数時間ずつわけて働くこともできて、働き方は柔軟です（勤務時間の契約は人により異なる。フルタイムで週約三五時間）。

食事については、ドイツの家庭では、温かいものは昼ごはんに食べ、夜はおいしいさまざまなハム、ソーセージ、チーズにパンを並べればよいという食生活が多く、日本から見ると調理が簡単そうでした。しかし、それも自分でつくるのはむずかしくなると、食事配送サービスがあり、二週間分のメニューカタログから、好みのものを選んで頼めるようになっています。

ドイツの人は、住まいを整えることや整理整頓を大事にしています。これはケアを受けるような状態になっても変わりません。同行訪問したほとんどのお宅はよく片付いていましたが、これは訪問看護師の仕事ではなく、家事援助が入ります。

市民後見人制度

自分で自分のことを決めたり、意思表示することができなくなったら、どうしたらいいのでしょう。人生が長くなり、思わぬ事故に遭《あ》ったり、認知症が進んだりと、だれでもそういう状態になる可能性が待ち受けています。そういうときに、自分に代わって動いてもらう人を定めておくのが「市民後見人制度」です。ドイツに長く住み、普及に力を入れている渡辺レグナー嘉子さん(DeJaK-友の会代表)に、実際にどう運用されているのか、聞きました。

後見人に関する民法の条項が二〇〇八年に改正され、翌年の九月から施行されて、市民後見人の普及には弾みがついたということを、まず聞きました。

いったいどういうときに、後見人をつけるのでしょう。渡辺さんは「単に、高齢で事務手続きや計算ができず生活に不自由というレベルを超えて、自分で理にかなった判断あるいは意思表示ができないという、より深刻な状況になったとき」と言いました。

申し出るのは、本人でも家族でも友人でも医療者でも、誰でもよいのです。「この人に後見人が必要です」と市役所の後見課に申し出ると、法定後見人の手続きが始まります。

後見課から簡易裁判所に書類が送られ、裁判官と関係者が集まり、後見人を決めます。本人の希望が最優先で、たとえ本人が認知症であっても「この人がよい」と指名したら、後見人が決定されます。このとき、後見人になるよう依頼された市民は、特別な理由がないかぎり引き受けなければなりません。

　市民後見人制度をすすめるための行政的なサポートとして、後見人として活動する際の事故補償をするボランティア保険の費用を、地方自治体が負担します。後見人の活動について学ぶコースもあるそうです。

　後見人の活動の基本は、週に一回くらい本人と会い、話し合って、判断したり、いっしょに行動することです。

　扱うのは、財産、健康、住居、仕事や事業の管理などです。たとえば、本人の経済観念が不確かになっている場合は、〝口座から現金を引き出せるのは、一回いくらまで〟と決めておきます。もしも不動産売買や大きな買い物など、本人が自分に不利益なことをしてしまった場合は、六週間以内なら、後見人が白紙に戻せます。仕事や事業については、事業を前進・発展するための活動は扱わず、現状を維持するだけです。いつもその人のために、その人だったらどう考え行動するか、本人がしたいはずのことか、本人に害がないかを判断し、後見人自身のできる範囲で活動します。

　しかし医療処置などの生命にかかわる決定については慎重で、裁判所の許可が必要です。裁判所が、「後見人がかかわるように」と裁定したときのみ、担当します。

＊＊＊

渡辺さんと日本人女性Dさんとの出会いは、何年も前にさかのぼります。「ドイツ語が怪しくなってきた日本人がいるので、手伝ってくれませんか」と渡辺さんに声がかかり、訪ねて世話をするようになったのが始まりでした。

その半年後に、渡辺さんはDさんの後見人になりました。Dさんにはドイツ人の後見人がいましたが、その人が休暇旅行に出たときなどをカバーし、日本語にかかわることを渡辺さんが担当する、という分担で、Dさんの二人めの後見人になり、実にさまざまなサポートをしていったのです。

「日本から手紙が来ている」というので読んでみると、八〇代になった友人から「もう一度会いたいので、日本からドイツに行きたい」という大切な内容でした。このような、Dさんの日本での個人史を、ドイツ人の後見人に伝えることも重要な仕事です。

渡辺さんがドイツ人の後見人に頼まれて、日本語の書類を調べていくと、Dさんが日本に持っていた財産の扱いなどで不利益を被っていることがわかりました。渡辺さんは、日本の弁護士となんども連絡を重ねて、Dさんの日本での財産をやっと取り戻すことができたのです。

またDさんが入院したときは、ドイツ人の医療者の説明を日本語に通訳してコミュニケーションを手伝ったり、「Dさんは、パンは喉をとおらないけれど、お米の雑炊なら食べられるそうだ」と病院の看護師から連絡を受けて、日本の雑炊を毎日運んだりしました。認知症が進んでケアホームに入ったときは、「ここには日本人がいない」と言いだすDさんのために、地元の日本人が毎日交代で訪問するようにしました。

「お寿司がたべたい、温泉に入りたい」とDさんは渡辺さんにいつも言っていましたが、ドイツ人の後見人には遠慮して言わないのです。ドイツでは本人の希望がなによりも尊重されるので、渡辺さんはDさんに「ドイツ人の後見人に、自分の希望を言ってもいいんですよ」とうながし、Dさんは思い切ってドイツ人の後見人と家庭医に「お寿司が食べたい。日本に行きたい」と話しました。これでついにDさんは、渡辺さんが付き添って日本に行くことができたのです。

日本に行って、有料老人ホームに体験入所してみると温泉もあり、「ここに住みたい」ということになりました。そこで渡辺さんは、日本でのDさんの後見人(弁護士)を探し、Dさんを日本に残してドイツに戻り、ドイツでの年金を日本で受けとる手続きなどをすませたところで、後見人の責任を完了しました。ドイツ人の後見人は、Dさんのドイツでの財産を裁判所に引き継いだところで、責任を完了です。

ドイツ人の後見人とドイツのケアホームのＤさんの担当者と渡辺さんの三人は「私たちは、とってもいいチームだったよね」と握手で終わったそうです。

渡辺さんは「後見人を引き受けることは、人間的に学ぶことや得るものもとても大きい。そして、もし自分に後見人が必要になったら誰に頼みたいか、心積もりしておくといいですね」と勧めていました。

私たちは、日本で暮らす外国の人に、Ｄさんのドイツでの後見人のように親切にしているだろうか、自問してしまいました。

＊＊＊

このように、自立して元気なときから、徐々に変化していく過程に合わせて、ひとり暮らしになってもずっと支える、ドイツの在宅ケアを見てきました。

日本の私たちの五〜一〇年後を考えると、在宅でも病院でも施設でも、ひとり暮らしの高齢者が増えることは確実です。誰もがいずれは〝誰かの手を借りなければ暮らせない〟ときがくるとしたら、準備は始めておきたいと思います。

何よりもまずは、サポートを利用することになったときは、自分でできることは最大限して、できないところについて「何をどう助けてもらいたいか」という自分の希望をはっきりと述べて、話し合い、堂々と気分よく助けてもらう、賢い利用者になっていたいものです。

家族やご近所の高齢者に接するときには、日本流の淡い交際のなかにも、ドイツ流の実質的なおつきあいを取り入れる準備をしておいたほうが、より安心できそうです。よろず相談所や市民後見人になったつもりで話を聞き、手助けをしあえることもいろいろありそうだと気づきます。

在宅ケアを必要とする人は増える一方で、しかしケアを提供するスタッフや財源はすでに限界に近づいているという課題は、ドイツも日本も共通です。

こうした限界の中で、必要な人全員にケアが行き渡るためにはどうすればいいのか？　一回の滞在時間を必要十分に限り、長時間訪問と短時間訪問を組み合わせる。これを可能にするような、在宅ケアの制度やマネジメント、そして患者情報がスムーズに伝達共有されるような迅速・効率化がすすめられています。

ただし、実際の訪問スタッフからは「〝分単位のケア提供〟に疲れてしまう、ゆっくりとケアをおこないたい」という正直な意見も聞かれました。効率化の行きすぎも警戒しなければなりません。

ドイツで見たような在宅ケアサポートは、北西ヨーロッパの国々に共通してなされています。そして国によって、いろいろな歴史や体制の違いを反映したさまざまな独自の工夫が加わって、バリエーションは豊かです。

次の章では、ドイツから地続きで北西隣の国、オランダで、急成長を続けている在宅ケアの新たなビジネスモデルを見ていきます。

第2章
暮らしを自分でコントロール
—オランダ—

オリンピックスタジアムで歩行器レース(提供：ビュートゾルフ)

オランダ

人口1680万(2013年)、高齢化率15.9%(2011年)

オランダは、広さは九州くらいで、海抜ゼロメートル地帯の国ですが、そこを長い干拓の歴史で国土としてきました。長年のスペイン支配から、16世紀に独立しました。そのときの中心になったのが、交易によって富を築いた市民層だったからでしょうか、今でも市民の意識が高く、力が強いのは、オランダの歴史に根差しているように思います。

オランダには、公的医療保険と公的介護保険があり、在宅ケア事業所は民間事業者が多い、など日本と共通のところがあります。

家庭医を選んで登録することは義務づけられています。日常よく遭遇する健康問題はまず家庭医にかかり、さらに検査や専門治療が必要な場合のみ家庭医から病院や検査機関に紹介されます。時間外の救急患者も家庭医の救急センターが診て、必要な場合のみ病院の救急外来に送るという仕組みです。

ビュートゾルフ、新しいビジネスモデル

この章で紹介するのは、新しい在宅ケアのビジネスモデルとして日本でも知られる、「ビュートゾルフ（Buurtzorg）」です。二〇〇七年にベテランの地域看護師（訪問看護師と保健師を合わせたような仕事をおこなう）によって創業されてから、オランダ国内で急激に伸び、スウェーデンや米国にも進出しています。十分な教育を受けた看護師、介護士、リハビリ職（以下、総称してナースと記す）による独立したチームが、自律的なマネジメントで柔軟にトータルケア（六四ページ）を提供することで、利用者と働く人双方から大きな信頼を得てきました。

ビュートゾルフを日本に紹介したのは、堀田聰子さん（労働政策研究・研修機構研究員Buurtzorg Innovator）です。堀田さんがオランダに一年間滞在して研究しているときに、在宅ケア事業所で「うちのスタッフがビュートゾルフに移っていったが、ビュートゾルフでは（利用者の状態がよくなって）ケアが減っていくらしい」と聞いたのが、出会いだそうです。私も「現場のスタッフが惹《ひ》きつけられている在宅ケアをぜひ知りたい」と思い、堀田

さんの案内でビュートゾルフを訪ね、交流が始まりました。

ビュートゾルフ代表のヨス・デ・ブロックさんは、病院で看護師として勤務の後、地域看護の仕事につきました。その後、在宅ケア事業所のイノベーション部門の管理者をしていたときにＩＴを学び、大学院でＭＢＡ（経営管理学）コースにも通っています。

ヨス・デ・ブロックさん
（提供：ビュートゾルフ）

デ・ブロックさんの話は、一九八〇年代にさかのぼります。そのころまでのオランダは、地域看護師が家庭医やソーシャルワーカーなどと連携して、地域の人々の健康を守る活動をしていました。

ところが一九九〇年代になると、このような地域看護師による地域ケア活動が消えてしまったのです。背景には、介護分野の市場化が進み、合併、大規模化の波が押し寄せてきたことがありました。

この影響でオランダの地域ケアの事業所は、経済原理が優先される傾向が強まりました。〝専門的な教育がなくてもできる仕事は、教育も給与も低いスタッフがおこなう〟とされて、ケアは細分化されました。一か月に一人の利用者に「入浴の支援」、「食事介助」、「注射」、「傷の手当て」など、なんと三〇人のスタッフがかかわった！　という逸話《いつわ》まで残っています。これでは利用者側は落ち着かず、大きな不満となったのも当然でした。

働くスタッフにも、不満が募りました。細切れにかかわるために利用者の全体像や変化を把握できず、適切なケアができているのかどうかを確かめることさえできません。利用者のニーズがわかっても、別の職種の仕事であれば、自分ですぐ対応することもかないません。スタッフの専門性や自律性は徐々に失われ、総合的な力も落ちていったそうです。

＊＊＊

二〇〇七年一月、志を同じくする地域看護師三人の仲間とデ・ブロックさんは動きました。最初のビュートゾルフチームを、オランダ東部の小さな街、アーメロ市（人口七万二〇〇〇人）で立ち上げたのです。ビュートゾルフは「コミュニティケア」という意味です。

めざすは、専門性にもとづく全人的なケアの復権です。

周囲の人たちは最初のころ、「何をするんだろう？」と眺めていましたが、まず二人の家庭医が利用するようになりました。家庭医から依頼があれば、ビュートゾルフのナースはすぐに訪問して、利用者のようすや環境を調べて、直面している問題をあきらかにし、解決策を見つけます。そして力のあるナースなので、複雑でむずかしい退院直後や、合併症、認知症、看取りなどへの対応も大丈夫です。こうした活動実績への信頼が徐々に伝わって依頼が増え、スタッフも自然に集まってきました。

厳冬の訪問看護に同行

実際のケアはどんなふうなのでしょう？　看護師のオリンダ・ホフテさんの訪問に同行することができました。

オリンダさんは、看護師になってから、病院での約一〇年の経験ののち、アーメロ市のビュートゾルフに就職して半年たったところでした。患者へのケアの質を大事にする、明るい笑顔が相手をほっとさせる方です。

二〇一一年、厳冬の二月の金曜日、オリンダさんの訪問予定は八軒でした。朝八時に出発し一一時半までに六軒、昼休みをはさんで一三時に一軒、その後いったん自宅に戻り、夕方一六時半に一軒というスケジュールです。「今日は少なくて、忙しくないほうです」とのこと。

オランダでは子世代との同居は、基本的にありません。つまり訪問先は、夫婦二人か、ひとり暮らしばかりです。

オリンダ・ホフテさん。訪問先の集合住宅の前で

高齢の夫婦二人暮らし。認知症の妻
［毎朝、四〇分くらいの訪問］

最初のお宅は、認知症の妻を夫が世話をしていて、二人暮らしです。きれいに整えられた室内に入ると、オリンダさんは夫に挨拶してから、まず「記録カルテ」をチェックしました。患者の「記録カルテ」は各家庭に置いてあり、前回（ここは毎日訪問なので前日）の訪問スタッフからの申し送り事項が書いてあります。留意点がないことを確かめてから、オリンダさんはいつも通りのモーニングケアのために、妻の寝室に向かいました。

妻はベッドに寝ていて「起きたくない」と渋るのですが、オリンダさんはなだめつつ起きる手助けをします。妻は歩行器でシャワー室に移動し、シャワーチェアに座って清拭。その後、すてきなセーターとスラックスを着るのを手伝っていきます。

妻は認知症がありますが、自分でできる動作も多いのです。オリンダさんはなるべく手を出しすぎないようにして、やさしく妻の動作を見守りながらガイドしていきました。ガイドされて、妻は自分で顔を洗ったり、ボタンをはずしたり、服を着るなどしながら、オリンダさんに「あなたやってよ」と頼みます。ジョーク好きの妻なので笑いながら。オリンダさんも笑顔で「できることは自分でしたほうが、あなたのためになるのよ。だから、私もできるけど、あなたが自分でやったほうがよいのよ」とさらりと答えていました。毎日、毎日、同じ会話をくりかえしているそうです。

こうして約四〇分で、モーニングケアが完了、妻は身支度が整いました。その間にオリンダさんは、日ごろ妻の世話をしている夫にも楽しそうに話しかけています。各家庭に必要な薬や介護用品が十分あるかを確かめ、残り少ないと、その場ですぐ電話で追加を注文していました。

ケアが終了したら記録です。訪問先に置いてあるカルテに、次に来る訪問スタッフに必要な申し送りだけを書くので、簡単にすみます。勤務時間の記録はメモしておいて、あとで自宅のパソコンから入力するそうです。

このあと妻は、月〜金の午後はデイサービスに行きます。本人は「学校」と呼んで「通学」するそうです。

なお「記録カルテ」は、二〇一四年には電子化され、ナース全員がiPadを持って確認していました。


高齢者住宅の中の二軒［毎日、二〇分弱の訪問］

二軒めは、ひとり暮らしの男性で、高齢者住宅にいます。部屋は造花がいっぱいで、明るい感じ。花が好きな人でした。

三軒めは、高齢のご夫婦二人です。夫を介護している妻がちょっと沈んだ感じで、気にかかりました。

この二軒とも、弾性ストッキングの装着と服薬管理のための訪問で、各々二〇分くらいでした。

足を丁寧に観察しながら軟膏を塗り、きつい弾性ストッキングを力いっぱい手際よくはかせ、本人にきつさを聞いて調整し、靴をしっかりはかせて、飲み薬を飲むのを確認して終了、でした。

このケアの間中、明るい挨拶から始まって、いろいろ楽しそうに話しかけていました。

＊＊＊

オリンダさんが、病院での看護を経験した後に、いまの在宅ケアの仕事に移ったいきさつを聞いてみました。

「病院で働いていたときは、ナースとしてストレスが大きかったのです。病院では、ベッドに寝ている患者さんだけ、その方の病気だけ、しか見えません。私はケアの質が大事だと思いますが、それが病院ではできないので、離れました。ビュートゾルフでは〝患者さんの全体をみてのトータルケア〟ができますし、前よりも私の時間を、患者さんのために使ってケアの質を大事にできます」

「患者さんの全体をみるトータルケアって、どんなことですか」と聞くと、オリンダさんは三軒めの例で説明してくれました。夫を介護している妻の沈んだ様子が気にかかった夫婦です。ビュートゾルフのナースが毎日二〇分訪問しています。

「私たちは夫のケアのために訪問していますが、あの家庭をトータルにみると、夫の介護をすべてしなければならない妻が大きなストレスを感じていることも課題となります。それが昨日訪問したときには、妻が『あなた方が訪ねてくれてとっても嬉しい、気が休まる』と言ってくれました。こうして介護者のストレスが軽減することは、患者さんのケアにとっても大切なんです」

このお宅では、オリンダさんが妻に「あなたは、とてもよいナースね」と介護の苦労をねぎらい、笑顔を引きだしていたのも印象的でした。

オリンダさんは「私はポジティブにジョークを言いながら、ケアをするのが好きです。というのは、利用者さんの多くは、その日の訪問者は唯一私だけで、後は一日中ひとりきりかもしれません。そう思うと、私が小さい太陽のように明るくならないとね！　それが私の看護の仕方です。ナースの態度ひとつで、そのお宅の雰囲気が楽観的にも悲観的にもなるので、とても大事」と言いました。訪問先でオリンダさんがつねに楽しそうで、明るい声と笑顔を絶やさないのは、深い意図にもとづいていたのです。

人工肛門造設術後の男性［毎日、四〇分くらいの訪問］

次の訪問は、大腸がんで人工肛門（ストーマ）の手術後、外来通院で化学療法中の方です。

オリンダさんは、エプロンとマスクをつけて、シャワー室で朝の清拭をして、人工肛門の袋を取り換えました。

しっかりした人なので、オリンダさんは「もうご自分で、できそうですね。ご自分でしてみませんか」とうながしますが、本人は「いや、あなたがしてください」と返し、オリンダさんは「じゃあ今度ね」と応じていました。毎回、このやりとりをくりかえしているそうです。オリンダさんは「今のところはナースがしていますが、こうやって話し合いながら、いずれは彼自身ができるように持っていきますよ」と説明してくれました。

オランダもドイツと同様に、患者が自立していることが印象的でした。でも最初から自立しているのではなく、このように自立への働きかけのための話し合いを粘り強く根気よく続けてきた成果なのだと感じました。これは一軒めの、夫婦二人暮らしの方への対応でも感じたことです。

手術後二週間めの男性。夫婦二人暮らし［毎日訪問。この日は長引き、午後は通院の付き添い］

術後二週間後のケアです。手術後の傷の手当てと経過観察の訪問で、夫と笑いながら軽口を交わし、楽しくシャワーをすませた後、ドレーン（排液管。術後の水分、血液、リンパ液などを排出する管）周囲の皮膚の手当てをしていました。そのときです。

傷口をそっとぬぐったガーゼにかすかに黄色の色がついたのを、オリンダさんは見逃しませんでした。とたんに真剣な表情に変わり「病院に行ったほうがいい」と判断し、その場で夫婦と相談して、病院に電話しました。そして金曜日の午後なのでと渋る病院をなんとか説得し、その日の一三時に予約を取りました。

どうやって病院に行くのか、が次の問題です。夫も妻も今は運転できないので、オリンダさんが病院に連れていけば、いっしょに受診もできてベストですが、その時間にオリンダさんは、別の訪問予定が入っています。そこでチームメンバーにすぐ電話したところ、その訪問を替わってもらうことに成功し、オリンダさんは午後一番で、この男性の病院受診に同行できることになり、みなほっとしました。

このように訪問先で、状況の変化を察知⇓即判断⇓受診予約⇓チームメンバー同士の協力で予定変更と、みるみるうちに問題を解決していきます。「ビュートゾルフの特徴は、実力ある約一二人のチームで、患者約五〇人のトータルケアのすべてを自律的にマネジメントし、解決策を提示すること」と聞いていましたが、それを目の当たりにした思いでした。

目の不自由な、ひとり暮らしの女性［三日ごとの訪問］

オランダらしい運河沿いの集合住宅の一部が、高齢者や障害者用の住居になっています。午前最後の訪問先は、川が見える眺めのいい部屋に住む、ひとり暮らしの女性でした。

精神的なサポートが主目的の訪問で、オリンダさんはなるべく楽しくなりそうな話題を探して話しかけています。視力が弱いのですが、大きな文字盤の電話機や、本を拡大して読めるパソコンでクイズをしたり、便利な機器を使いこなしているのを私に見せてくれました。

ここまでで一一時。午前の訪問は終了です。

＊＊＊

オリンダさんのチームでは、この二週間ほどで、四人の方を看取りました。その方のニーズは何か、家族や近所や友人などは介護をどれくらいできるかを見極めて、必要なケアを組み立てます。このため、看取りの時期のケアもさまざまです。

家族や友人が見守り、付き添っている場合は、ビュートゾルフのナースは一日一回のモーニングケアだけで大丈夫です。

身寄りがなくて付き添う人がいない場合の看取りは、八時から二三時までの間に一日四〜五回の訪問を組みます。さらに、ビュートゾルフが対応しない二三〜朝八時に訪問が必要な場合は深夜専門の事業所や、看取り付き添いボランティア団体に依頼して訪問してもらうこともあります。

オリンダさんと私は初対面でしたが、訪問に同行した日、彼女の柔軟な賢明さと温かさが、

利用者と話すオリンダさん

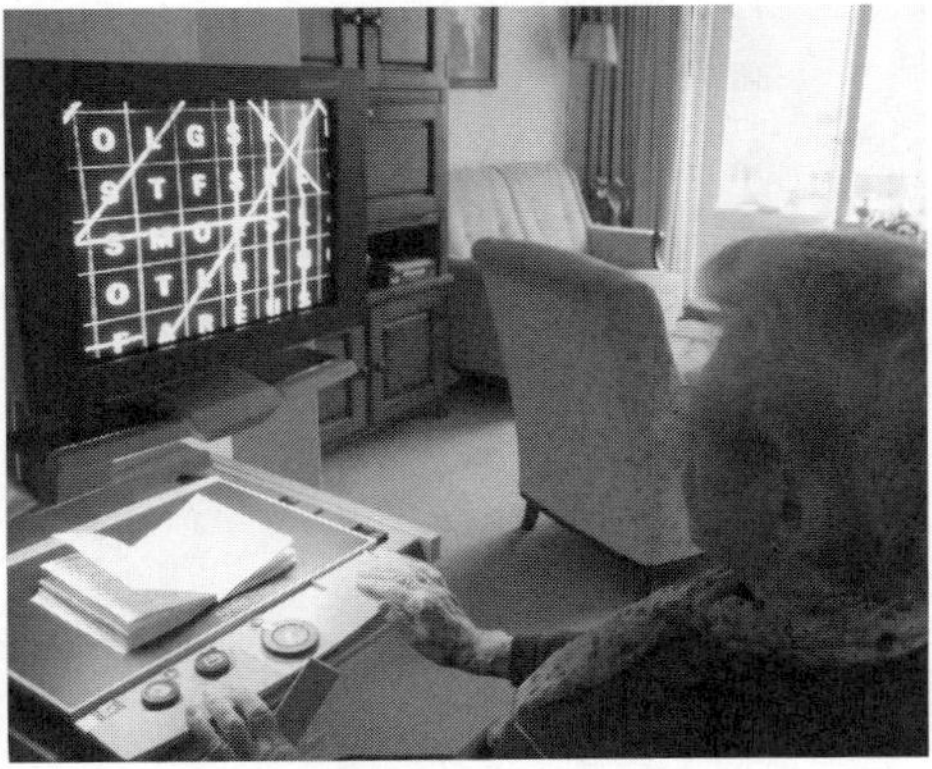

目が不自由な人むけに拡大することができるパソコンでクイズを楽しむ

ずっと伝わってきていました。利用者や家族との交流、チームメンバーや病院との連絡の際もフレンドリーで柔軟に対応する姿に、「人間的であること」を大事にするビュートゾルフの特色を実感しました。

自律的なチームで

オリンダさんのような柔軟な在宅ケアを成り立たせている、ビュートゾルフの組織運営の特徴を見ていきましょう。

十分な教育を受けたナースたち(看護師、介護士、リハビリ職を含む)が、独立チームを組みます。人数は、建設的なディスカッションに最適な、一二人以内です。

その独立チームは、管理者を置きません。お互いがフラットな関係の中でリーダーシップを発揮する自律型チームです。利用者(四〇〜五〇人前後)の状況の見極め、ケアの計画、ケアの提供、家庭医や薬局や病院や市の福祉サービスなどとの連絡調整まで含めて、トータルケアを提供します。多職種分業の細切れケアでは、一人の利用者に何人も訪問するので、移動のための時間やコストや、スタッフ相互の連絡のための時間やコストもかさみますが、ビュートゾルフなら、こうした移動や連絡のための時間もコストも抑えられるのです。

利用者への保険請求事務、従業員への給与支払い、組織の財務諸表作成などは、本部で集約しておこないます。これでナースたちは事務作業に煩わされずに、ケアに集中できるのです。

アマルスフォート市のビュートゾルフ 詰め所にて

組織内ITネットワークは扱いやすく、ケアに関する意見交換、組織内の意思決定、情報伝達は、迅速かつ効率的におこなえます。チームのミーティング(ほぼ毎週)と、組織の潤滑油となる折々の組織内パーティーやイベントを組み合わせることで、コミュニケーションが人間的になります。

こうした組織運営により、独立チームのナースたちは自律的なマネジメントを最大限に発揮して、利用者自身の意思と力にあわせた自立へとサポートしていくのです。

ケアを組み立てるときは、利用者のまわりに玉ねぎの皮のように重層的にケアをつくっていきます。

まず、利用者が自分でできることを増やし、セルフマネジメント（自助）の力を高めることを試みます。

次に、利用者と、まわりの家族や友人や近所の人など、利用者自身が持っているインフォーマルネットワークをつなぎます。まだ、こうしたネットワークがなければつくります。

それでも足りない部分に、ビュートゾルフのチームが入るのです。

さらに困難な状況の場合には、他の専門職のサポートを入れることもできます。

このように、ナースチームは人間的な信頼関係を大切にしながら、利用者が直面している問題の解決策を提供していきます。

ケアの質についてオランダでは、国内にあるすべてのケア事業者で「利用者の満足度調査」が定期的におこなわれ、事業者間の比較や年次による推移など、客観的に利用者の満足度、つまりケアの質を見ることができます。この調査で、ビュートゾルフは何年も、最も高い評価を得ています。この調査は利用者に「ケアプラン」、「コミュニケーションと情報」、

「ケアの安全性」、「スタッフが十分で有能と思うか」など一〇の大テーマを質問します。質問内容は、サービス利用者も加わって作成され、利用者の実生活の視点を反映しているのです。

＊＊＊

チームの自律的なマネジメントの例として、訪問スケジュールのつくり方をたずねてみると、チームメンバーが交代でおこなっていました。

オリンダさんの所属していたアーメロ市南チームの、訪問スケジュールを見ると、この週、訪問頻度がもっとも多い利用者は、毎日、朝、昼、晩、三回訪問（朝八時から九〇分、一二時から六〇分、二一時から三〇分の三回）でした。

訪問先での滞在の予定時間を見ると、一〇分、一五分、二〇分、三〇分、四〇分、四五分、五〇分、六〇分、九〇分と、実に開きがあります。ただし、この滞在時間は目安であり、実際は、その日の利用者の状況によって長くかかったり短時間ですんだり、あるいは急に訪問する必要が生じたりします（オリンダさんの五軒めの訪問を思い出してください）。このように実際の滞在時間が長くなった場合は、別の日を短くするなどして調整し、総滞在時間は確保するという、柔軟かつ現実的な調整手法をとっているのです。

働く側の勤務シフトも、チームメンバーが交代でつくります。アーメロ市南チームの一二人は、朝八時から二三時までを、三つの勤務シフトにわけています。

- 朝勤　八時〜一四時：ナース四人が勤務し、利用者五〜六人ずつを訪問（昼食休憩は約一時間）。
- 夕勤　一六時〜一七時半：一人が勤務し、一〜三人を訪問（休憩なし。土、日は、この夕勤はない）。
- 夜勤　一六時半〜二三時：一人が勤務し、利用者約一〇人を訪問（夕食休憩は約二時間）。

この週のオリンダさんの勤務は、月、火が休み、水が夜勤、木、金が朝勤と夕勤、土、日が朝勤でした。

＊＊＊

ジェネラリストとしての総合力に優れたナースによるチームが、自律的なマネジメントをおこなうと、本部機能を最小限に絞り込むことができます。

アーメロ市にある本部がおこなう業務は、介護料の保険請求事務、人事の就業契約、給与支払い、財務諸表作成、それに政策分野（業務管理、品質改善、組織戦略）や組織文化づくりに絞られるので、約八〇〇〇人の従業員数に対して、本部のスタッフはわずか四〇人だけ（二

○一四年)。オフィスも小さくてすみます。

この結果、経営管理部門などの間接費が、事業運営費の中に占める割合は、オランダ全国平均は約二五%ですが、ビュートゾルフは八%に抑えられています。その分、利益率が高くなり、資金を教育や、次にあげるようなイノベーション新事業に回せるわけです。

イノベーションの一環で、メンバーや利用者からのいろいろな提案が歓迎され、よいアイディアは共有して、どんどん実現してきました。介護度が重くなるのを予防するため、家事援助を主とした軽い身体介護サービスのチーム。理学療法士や作業療法士メンバーを加えたチーム。高齢者向けラジオ番組……。

そのなかでも歩行器レースはユニークです。いつも歩行器を使っている八四歳の女性利用者の「世の中には、いろんなレースがあるのに、私たちはレースに出られないの？　出たいわ」という提案で実現しました。五〇〇メートル走から、二キロコースまで、家庭医やナースのサポート付きで、一〇〇人が参加。楽しかったので、「次はアムステルダムのオリンピックスタジアムで、都市対抗レースにしたい」とアイディアは膨らみ、翌二〇一三年には、本当に実現しました(本章扉写真)。

ビュートゾルフのこうした実績と評判で、ナースも利用者も増えつづけています。二〇〇七年に四人で創業して以来、五年後の二〇一二年には、オランダ全国に五〇〇チームで五五〇〇人のナース。二〇一四年春には七五〇チームで八〇〇〇人のナースが年間六万人の利用者を支えています。

世界中の在宅ケア事業所から「ビュートゾルフ方式を取り入れたい」という依頼や相談が舞い込んでいるそうです。オランダ政府も注目しています。首相が「こんなに違いがでるのか?」と驚き、ナースといっしょに利用者の家に訪問したこともありました。

在宅ケアのルネサンス

最初、ビュートゾルフのことを知ったときは、正直言ってちょっと信じられませんでした。それで何度も訪問したり、来日時に会って話したりして、ビュートゾルフのようなあり方は、利用者としてもかえって自由で便利なんだと、深く納得するようになりました。

とくに、「利用者は、自分の暮らしを自分でコントロールし続けたい(助けを求めることも含めて)、生活の質を改善し続けたい、自分の住む街で社会参加したい、あたたかな人間関係がほしいと、願っている」、というビュートゾルフのとらえ方を聞いたとき、多くの人がもっている願いを自然にあらわしていると感動したのを思い出します。同時にこれを実現するためには、本人もなるべく自分でできるように、がんばらなければならない、という厳しさも感じました。

「利益重視で、ケアを多職種が細切れに提供」よりも、「利用者の自立をうながし支える、専門的かつ人間的なケアの提供」が満足度も高く、利用者とナースが集まってきて、総体的には費用も安くすむことの証明でもあると思います。

ビュートゾルフは、小さいチームでは七人くらいから最大でも一二人ほどなので、日本の小規模な在宅ケア組織でも考えやすいのではないでしょうか。日本の各地でビュートゾルフとの交流が深まっていますが、日本のケアの場でもよい点を取り入れられることを願うばかりです。

ここまで、日本と同じような公的医療保険と公的介護保険の社会保険方式で在宅ケアがおこなわれている国を見てきました。次の章からは、税金で医療や介護がおこなわれている国を見ていきます。

第3章
本人の意思をいかす行政サービス
—デンマーク—

ほとんど自力で（スポー高齢者住宅にて）

デンマーク

人口 559 万(2012 年)、高齢化率 17.1%(2011 年)

大小数千の島で成り立ち、全土合わせても九州ほどの広さ。10〜3 月の約半年間は零下の冬で、高齢者のひとり暮らしには厳しい自然環境です。大国に囲まれ、もまれながら存在感を保った歴史のなかで、食料自給率は 300%。

介護も医療も福祉も、そして教育も、税金を財源にする行政サービスとしておこなわれ、原則として無料です。医療は州(レギオン)、介護や福祉サービスは市(コムーン)と、役割がはっきりわかれており、それぞれの法律で運営されています。

医療は、州が管轄します。住民全員が、自分の選んだ家庭医をもち、健康問題が生じるとまず家庭医にかかり、必要な場合は病院や専門医を紹介され、終わったらまた家庭医に戻る仕組みです。

介護や社会福祉サービスは、市が管轄し、市議会が決めた予算とサービス基準によって、ニーズを判定し、サービスを提供します。

行政サービスを適切に提供

住民の納めた税金による行政サービスとして医療介護福祉をおこなうには、公平で過不足のないサービス提供の透明性が求められます。どういう状況になったら、どういうサービスを選択し、利用できるのか？　サービス過剰でなく、サービス不足にもならずに、適切に配分できるか？

これらの問いは、個人の人生の選択としても、行政の課題としても、言うは易く、しかしおこなうのはとてもむずかしい。デンマークでは、どのような知恵を絞っているのでしょうか。地方自治の分権化が進んでいるデンマークは、市によってケアを提供する仕組みや組織やサービスに違いがあります。その一例として、南部にあるネストヴェズ市を訪ねました。

ネストヴェズ市は、人口八万、六五歳以上は約一万二八〇〇人(高齢化率約一六％)、平均寿命は七八・四歳です。日本の特別養護老人ホームにあたるプライエムを二〇〇九年までに全廃し、ケア付き住宅に転換しました。

話を聞いたのは、市内の東西南北四地区あるうちの一つの地区の福祉サービスすべて(ケア付き住宅も在宅も含めて)のトップマネジャーである看護師のビエギッテ・エトラップさん。

ビエギッテ・エトラップさん

「高齢者は、若い人たちよりも運動や健康的な食事などアドバイスを真剣に実行しており、高齢者の健康状態は、ここ二〇年間で改善しています。自立した人が多いので、サービスを受けている割合は多くありません」と、ビエギッテさん。一〇〇歳以上の高齢者が増える傾向にありますが、その半数は自宅に住み、多少の支援を受けるだけで暮らしています。「一〇〇歳以上の全員に手厚いサービスが必要になると、市の財政としては厳しいでしょう」というコメントでした。

六五歳以上の一万二八〇〇人中での介護サービス利用者の割合と、一人あたりの一週間における平均利用時間は、次のとおりでした(二〇〇九年)。

• 家事援助と身体介護:三〇三三人(約二四%)。一週間あたり約六・二時間。
• 訪問看護:一三九四人(約一一%)。一週間あたり約一・一時間。

・リハビリ（継続的な訓練を含む）：五六四人（約四％）。一週間あたり約三六分。

これらのサービススタッフは原則として市の職員ですが、近年は民間事業所もできています。

これらのサービスの財源は税金で、利用する際は原則として無料です。

考え方としては、職業に就いて、税金を払える年代のときに所得に応じて払い、サポートが必要になったらニーズに応じて受ける。そして、サービスを必要とする本人の持てる力を最大限いかし、足りないところを一番適切なサービスで補う、が原則になっています。

ネストヴェズ市のサービス選定は、次のような三つの段階で進められます。

ステップ1：まず、機能回復訓練で効果が出ないか、を検討。

ステップ2：次に、適切な自助具・補助器具を提供すれば、自力でできないか、を検討。

ステップ3：それも無理なら、在宅ケアサービスを組み立てる。

それぞれの人が失った機能の程度に応じて、本人ができることは本人がおこない、本人ができないところは支援します。さらに加えて、本人ができるようになるような訓練もします。訓練の結果、状態が改善すれば、その人へのサービスを減らすことができます。こうして、貴重な税金を大事に使い、本当に必要な人へサービスを提供しようとしているのです。

さらに、自宅に住むか、ケア付き住宅かの選択という問題があります。これについては、どこに住み、どこで支援を受けるかは、本人が決めます。本人が希望すれば、ずっと自宅が可能です（実際には、自宅でのひとり暮らしは孤独で不安だと思う人も、少なくないそうです）。

ただし、在宅サービスがたくさん必要な状態になると「ケア付き住宅」に移ってもらうほうが、サービスを提供する市の予算的には助かります。そこで、ネストヴェズ市では「在宅サービスが週に二〇時間以上必要」になると、ケア付き住宅を勧めています。それでも、転居には本人の同意が必要ですから、本人が「自宅がいい」と希望すれば尊重され、そのまま自宅へのサービスが続けられます。

ケア付き住宅に移った場合も自宅と同じように、その人のニーズを判断してサービスが提供されます。そのうえ、ケア付き住宅ではほかの住人とふれあうことができ、サービスの提供も迅速なので安心というメリットがあるのです。

また、がんの末期で在宅希望の人には、必要なサービスが制限なく提供されます。これは人道的な見地からの配慮とともに、入院より費用が抑えられるという点も見逃せません。

世界金融危機や経済危機などの影響で、市の財政もつねに対策を迫られています。二〇一〇年ごろにはネストヴェズ市の財政不足が深刻で、それを補うために真剣に議論されて、利用者は無料だったのを、一部、受益者負担を取り入れたり、従来からのサービス提供を続けるがサービスを減らす、テクノロジーの導入で解決する、などの試みがおこなわれていました。

本人ができないところをサポート

このように、デンマークの在宅ケアは、第1~2章で見てきたドイツやオランダの在宅ケアと、仕組みはずいぶん異なっています。でも、実際に同行訪問をしてみると、共通することも多いと思いました。デンマークでも、ひとり暮らしで認知症の人が増えています。そこでも〝本人ができることには手を出さない、本人ができないところだけをしっかりサポート〟が徹底しています。

ネストヴェズ市の職員である、社会保健ヘルパー(一一三ページのコラム参照)のエリカさんの訪問に同行しました。この日、エリカさんは、朝七時から七軒を訪問し、そのうち三軒は同じ集合住宅の中。次の一軒ではもう一人のスタッフが合流して、二人対応でした。

エリカさん。これから訪問する集合住宅の前で

車いす生活でひとり暮らしの男性：八時五分［毎朝、約四〇分訪問］

最初の訪問先では、見学を断られました。

その次は、集合住宅の中の大きめの1LDK、車いす生活のひとり暮らしの男性Eさんです。右手足はまひして動きませんが、左手は動き、左足は補装具をつければ少し動かせます。

朝八時五分、エリカさんが到着すると、Eさんは、自分でベッドを起こして、シャツ姿で待っていました。すぐにシャワーです。リフトを使って、Eさんをベッドから車いす兼用シャワーチェアに移らせて、バスルームへ連れていきます。あとは本人が自分で、シャワーをします。

その間、エリカさんはキッチンでコーヒーメーカーをセットし、汚れた皿を洗って拭いて戸棚にしまい、居間を少し片づけます。シャワー室に声をかけて入り、頭や背中などEさんの手が届かないところだけを洗い、Eさんがシャワーで流します。二人はずっと話していて、笑い声も。顔は本人が洗い、その間エリカさんは、シャワー室の濡れた床をモップでふいていました。

続いて服を着るのは、Eさんとエリカさんの連携プレーです。

Eさんは車いす兼用のシャワーチェアに座ったまま、エリカさんが押して寝室へ移動。リフトを使ってベッドに座り、下着を着ます。そこで右かかとの小さな傷の手当て。これは、Eさんが軟膏を塗り、エリカさんがばんそうこうを貼りました。続いてエリカさんが、靴下を二枚はかせてブーツ型の補装具をつけ、本人が装具の尾錠《びじょう》とひもをしめ、エリカさんがひもを結ぶ……、実に細やかな共同作業です。

次に、本人が、ベッド上に下げてある起きあがり用のひもにつかまり、腰を浮かせながら、エリカさんがズボンをはかせ、本人がファスナーをしめます。

靴は、エリカさんが左足にはかせて、本人がひもをしめ、エリカさんが結びました。右足は、靴をはきません。かかとの傷のせいでしょうか。

上は、エリカさんが「どれを着るの？」と聞いて、本人の選んだTシャツを着ました。

ここまで来たところで、エリカさんが重そうな電動車いすをベッドわきに引っ張ってきま

Eさんの今日の身支度完成

した。ベッドから電動車いすへ、スライディングボードを使った移動介助。本人の選んだシャツを、エリカさんが着せて前をとめ、ズボンを引っ張って整えて、ようやく日中の身支度が完成しました。大仕事です。ここまで準備できたら、あとは本人が、電動車いすで自在に動けます。

エリカさんは、居間の窓のブラインドをあけました。窓の外は道に面しており、行き交う人や木々の緑の生気が飛び込んできます。テーブルにコーヒー、オートミールとミルクの朝食を並べました。バスルームを簡単に掃除して、朝の訪問完了です。約四〇分でした。

Eさんは電動車いすで玄関まで私たちを見送り、ついでに自分で新聞を取って、このあとひとりで朝食です。

ひとり暮らしの男性：八時五〇分〔毎朝、約一時間訪問〕

さて次のＦさんも同じ集合住宅なので、移動時間は五分です。エリカさんは移動途中に携帯型の端末を確認し、訪問記録を書いて、電話も一本かけました。

Ｆさんも大きめの１ＬＤＫにひとり暮らしで、元は国際航路の船員で日本に行ったこともあります。今はつかまり立ちがやっとで、認知症状があり、食事介助も必要です。私たちが室内に入ると、Ｆさんは自分でシャツ姿でベッドを起こして座っていて、準備万端でテレビを見ながら待っていました。

大柄のＦさんの身体ケアには、スタッフがもう一人加わり二人介助態勢です。まず、ベッドから車いすに移り、バスルームに行って、今度はシャワーチェアに移り、シャワーをします。シャワーが終わると、スタッフはバスルームの床をモップで掃除し、本人が自分で洗顔し、ひげもそります。シェービングクリームがあちこち飛びますが、それを拭きながらも、Ｆさんのできることは Ｆさんがするのをサポートするというケアです。

その間、エリカさんはキッチンで、汚れた皿を洗って片付け、朝食の準備にかかります。今日は掃除もする日なのでスタッフ二人で手わけをして、家中をほうきとチリトリで掃いた後、モップで床を拭いてピカピカにしました。Fさんが日中を過ごすソファまわりは乱雑に見えますが、本人にとって必要なものが使いやすい場所にある状態なので、片づけは必要以上にしません。尿器を洗浄し、元通りにソファの横に置きました。この点、日本のヘルパーならきちんと片づけてしまいそうです。

Fさんの朝食には驚きました。ビール二本、半熟卵二個、紅茶、たばこ、チョコレートと、大変ユニーク。エリカさんは「Fさんは、船乗りで世界中を航海していたのよね。いつもこのメニューよね」と苦笑いしながら説明してくれましたが、ここまで本人の意思にそうとは!

Fさんのユニークな朝食

その後、スタッフ二人は打ち合わせて、エリカさんは次の訪問先へ向かい、もう一人は残って着替えを介助しました。靴下をはくときは便利そうな簡単な道具を使い、パンツやズボンをはくときは、つかまり立ちの練習です。スタッフの「壁の手すりでうまく立ち上がるところを、日本の人に見てもらいましょう」という声かけで、車いすのFさんが壁につけた手すりのところに行き、がんばって立ち上がったところで、スタッフがパンツとズボンをいっしょに引き上げるという連携プレーです。

この後、食事の介助をして、朝の訪問は終了しました。

＊＊＊

デンマークの人が亡くなる場所は、少し前の調査ですが、「要介護高齢者の終末期における医療に関する研究二〇〇二」(医療経済研究機構)によると、病院が四九・九%で、自宅が二一・五%、ケア付き住宅が二四・七%です。半数近くが自分の住まいで最期まで過ごし、看取りの時期を迎えていました。

在宅での看取りは、ネストヴェズ市では家庭医から訪問看護師に連絡がいき、病院のターミナルケアのチームとも連絡しながらすすめます。死亡診断(死亡宣告)は、家庭医がします。市によっては、家庭医が中心になって、看取りをすることもあるそうです。

家族がいれば、そこに訪ねてきて、いっしょに過ごします。デンマークでは、看取り医療やケアはプロが受け持ちますが、「臨終の人を、ひとりにしない」ために家族や親しい友人が、看取り休暇をとって付き添うことが多いのです。

でも家族に事情があって付き添えない場合やひとり暮らしでも、看取りのときにひとりにしないよう付き添うボランティアグループが、デンマーク各地にあります。どこも小規模で、メンバーは、ナースや社会保健士(一一三ページ)などの仕事を退職した後、参加する人が多いそうです。行政による在宅サービスと補完しあうように活動しています。

ネストヴェズ市の看取りグループは、ロータス(蓮)ナースという名前で、メンバーは一〇～二〇人くらいです。

しかし、看取りサポートを必要としている家庭に、どういうタイミングで入るのでしょう?

いきなり知らない人が自宅にやってきて「看取ります」というわけにはいきません。普段からサポートしている家庭医や訪問看護師などが、「このお宅には、誰かがついている必要がある」と判断すると、ロータスナースに依頼が入り、行政の在宅ケアサービスと連絡をとりあいながら、利用者とも相談をして、組み合わせてスケジュールを組みます。たとえば、朝七時からはロータスナースで、一五時に別のロータスナースと交代して二三時まで。二三時から翌朝七時は、行政サービスによる訪問という具合です。

家庭医は妊娠から看取り、離婚相談まで

デンマークもドイツやオランダと同様に、家庭医システムが、しっかりしています。

人口三万人の北フュン島市で家庭医になって一五年というホルガ・ヘニングさんに、妊娠から看取りまで、どの診療科も一通り診る〝家庭医〟の仕事についてうかがいました。ヘニングさんは「たとえば内科医ならいつも胃腸ばかり見ています。私はそういう専門医よりも、子どもも高齢者も、怪我人も病人も、男性も女性もと、いろいろな患者さんがやってくるのが面白い」と思い、家庭医をめざしたそうです。趣味の柔道は黒帯の腕前で、地域の柔道クラブの指導者として活動しています。

ヘニングさんの診療所は、住宅街にある白い一戸建て。入り口を入ってすぐの受付ロビーは、日本の折りヅルのモビールが下がり、オレンジ色が基調のあたたかなインテリアでした。日本ならちょっとおしゃれな開業医、といった感じです。ここは、医師であるヘニングさんと、心電図などの検査技師と、妻で経済学部出身の事務職の三人がいます。

家庭医一人が担当する人数はデンマーク平均で約一四〇〇人です。ヘニングさんは一二〇〇人を担当し、妊婦さんや赤ちゃんから一〇〇歳のお年寄りまでが、心身の健康で何かあると、この診療所にやってきます。「私は、担当する一二〇〇人の〝健康の門番〟です。患者さんの九割くらいは、ここで大丈夫」と、頼もしい言葉でした。あとの一割くらいは、ここではできない検査や治療のために病院や専門医につなぎます。そして病院での治療や検査が終わると、患者は治療情報とともに、再び家庭医に戻ってくるのです。患者が自分の病気や治療についてわかるように説明し、どういう治療を選択するのかなどを話し合うインフォームドコンセントも家庭医がします。このような病院と診療所の連携を「シェアケア（いっしょにケアする）」と呼んでいました。

家庭医同士は近隣でグループを組んでおり、休暇や研修などで診療所を閉じる間は、患者をそのグループのほかの医師に依頼します。どんな職業でも年間六週間の休暇が義務となっているデンマークでは、この仕組みは不可欠です。ヘニングさんは家庭医三人でグループを組んでいます。二〇一〇年の夏休みシーズンには他の二人の休みが一時重なり、ヘニングさんはいつもの三倍の約四〇〇〇～五〇〇〇人をカバーしていました。

勤務時間は八時から一六時で、外来の診察は九時から一五時。そのほか、往診もします。

患者や家族に、夜しか時間が取れないなどの希望があった場合は、多少の時間外対応もしているようでした。

＊＊＊

家庭医と患者は、健康データをパソコン画面でいっしょに見て、しっかり向き合って話ができる位置に、お互いが座る

デンマークの人は「今日は、なんだか具合が悪い」と感じたら、まず自分の家庭医に電話します。家庭医は、「何時に来てください」と、一〇分から一五分刻みくらいで予約を受けます。最初の電話で、家庭医が「緊急」と判断したら、すぐに病院に行くように伝えたり、家庭医として病院受診に付き添っていくケースもあるそうです。

一人の診察は通常は一五～二〇分。離婚とか心理的な問題で来る人もいるので、そういうときのカウンセリングには、もっと長い時間を取ります。「糖尿病が、ひどくなって心配」などの生活相談にも時間をかけます。一日で三〇人くらいを診察します。

ほかに血圧測定だけ、血液検査だけ、耳鼻科の耳の掃除だけなど、医師が診なくていい患者もいますので、全部合わせると一日の外来患者さんは四〇〜五〇人です。

診察室に、血圧計に視力検査板、骨格図、いろんな臓器の模型まであるのは、いろんな診療科を診る総合医らしさを醸《かも》し出しています。デスクのパソコンは、患者にもいっしょに見える向きにおいてあるのが、印象的でした。診療所では簡単な血液検査と心電図の測定ができますが、レントゲンはありません。

面白いのは、同じような診察室が、二つ隣り合わせになっていること。ドイツの家庭医も同じ構造でした。おや、医師が二人なのかな？　と思いますが、医師は一人だけ。二つの部屋で、それぞれ患者が待っているのです。一つの部屋で診察が終わると、医師がドア一枚の隣の部屋に移って、次の患者を診察します。残った患者はゆっくり落ち着いて身支度ができ、医師はスピーディーに動けるので双方にとって便利なのです。

診療所に来られない患者には、家庭医が出向いて診療します。ヘニングさんが一五年前に開業を始めたころは、一日に五〜六人往診していたそうですが、いまは一日に一〜二人です。往診が減った背景については、民間移送タクシーなどで患者が来やすくなったこと、設備も整っている診療所で診るほうが便利、それに「医師が往診する移動時間に、ここでなら何人も診察できる、そのほうがみんなのためでしょう」という説明でした。

＊＊＊

家庭医とのかかわりは、生まれる前、妊娠中から始まります。妊娠中の家庭医の健診は三回で、必要なケースだけ病院の産婦人科に紹介します。デンマークは助産師のクリニックがあり、妊娠三か月くらいからそちらの健診も受け、正常な出産もここです。

赤ちゃんが生まれたら、健診（生後一週間、五か月、一年、あとは一年ごと）は家庭医が担当します。予防接種（三種混合、インフルエンザ、はしか、水疱など）も家庭医がします。

意外なことに、大人の健康診断は定められていません（デンマークだけでなく、ドイツでも英国でも、成人健診は義務付けなし）。それで、へニングさんは自分の患者に「三〇歳、四〇歳になったら自発的に健康チェックをしましょう」と勧めています。でも「実行するかどうかは本人の自由な判断によります。医師嫌いの人もいますからね」ということでした。

病状が深刻で長い経過にわたる病気の場合、家庭医のかかわりは重要です。不調を感じた患者はまず家庭医で診てもらいます。必要に応じて適切な病院を紹介してもらい、検査や治療をおえると、また家庭医のところにもどり、かかわりは続いていきます。そして先に述べたように、病名や病状についての告知やインフォームドコンセントは、家庭医の仕事です。

家庭医は患者自身のことから家族や仕事のことまで考えて、暮らしぶりにあった伝え方やサポートができます。

ケアが必要な状態であれば、地域の訪問看護や介護のチームを入れます。いっしょのミーティングをもちますし、訪問看護師とは、セキュリティがかかったインターネット上で患者の状況や治療の効果について連絡をとりあいながら、(往診しなくても)処方箋を書くこともあります。

大学病院の緩和ケアチームに入ってもらったほうがよいような困難な状況になれば、家庭医の判断で、依頼することができます。

死亡診断も、家庭医の役割です。病状や経過から、そろそろということがわかっている場合は、夜間に亡くなったら翌朝に往診します。家庭医は自分の患者を長く診ているので、不審な要素にもすぐ気がつきます。予想されていなかった死亡の場合はすぐに往診し、不審な場合は警察に連絡し、警察の判断で監察医を要請することもあります。

＊＊＊

なお「死ぬまで生きる」というのが、北の荒海に生きるデンマーク人の価値観だそうです。日本で議論になっている人工的な生命維持、たとえば胃ろうについてヘニングさんに聞いてみました。

「人生の終わりが近づいてもう食べられなくなったら、日本では経管栄養や胃ろうを検討しますが、ヘニングさんはどう考えますか？」

するとヘニングさんは、「私たちは、本人が何を希望するのか、を考えます。その本人はどうしたいのですか。食べたいのでしょうか。食欲がなくなって、もう食べたくないのでは？」と問い返してきました。

「はい、そうですね」

「それなら、それを尊重するのです。この問題はあくまでケースバイケースで、本人の意思と希望を尊重します。無理に人工的な栄養法はしません」

自然な死へのプロセスをたどっていると見定めると、デンマークの患者も、その配偶者や子どもも、多くは「もう延命は頼まない。でも痛みだけは止めてください」となるそうです。しかし一部には「どうしても生かしてほしい」と言う人もあり、それもまた尊重して対処するとのことでした。

＊＊＊

家庭医診療所はもちろん、どこの医療機関にかかるときも、患者は自分の「医療カード

（医療保障証明書）」を出します。この医療カードで、自分のこれまでの受診記録や、薬や治療のデータ、健診や予防接種も含めて、すべて画面に呼び出し、それをもとに診察が始まります。基本的に、医療は無料で本人の費用負担はありません。

驚いたことには、この「医療カード」があれば、EU圏内のどの国に行っても、そこで病気になれば医療を受けられ、必要ならデンマークまで移送もしてもらえます！　EU内なら、デンマーク国内と同じく、すべて無料です。

「言ってみれば、この医療カード一枚で、一〇〇〇万円の貯金があるのと同じ。だからデンマーク国民は、高くても税金を払うんですよ」

こんなふうにデンマークの医療費を説明してくれたのは、千葉忠夫さんです。千葉さんはデンマークに長く住んで、知的障害者教育の学校を運営し、今はバンクミケルセン記念財団理事長として、日本とデンマークの交流に力を注いでいます。この国の社会や人々の考え方や文化を熟知しての一言でした。

社会保障が充実するポイントは「〝払ったお金〟と〝それで得られるサービスの見返り〟が納得できること」。費用対効果（コストパフォーマンス）のバランスが取れているからこそ社会保障政策が長く支持され、「自分は幸福」と思っている人が世界一多く、生活大国デンマークが成り立っているのだと思いました。

「分類してあてはめる」から「個人のニーズを見る」ケアへ

実は一九八〇年代ころにはデンマークも(ドイツやオランダも)、障害の種類(精神障害、身体障害、知的障害)や年齢(子ども、若年、高齢者)などの枠組みで分類して施設をつくり、サービスを提供していました。でも、現場からは「患者さんが必要とするニーズは一人ひとり違うので、いくら細かくわけてもサービスがニーズに合わない」という声が出てきました。障害者自身のあいだでも「私たちは〝われわれ〟ではない、〝私〟を見て!」という声が高まりました。

こうした背景から「施設(プライエム)建設禁止法」が一九八八年に制定され、一〇年後の一九九八年には、「施設建設禁止法」と「生活支援法」を改正して「社会サービス法」になりました。この一連の法律改正で、有名なデンマークの「高齢者ケアの三原則」が、打ち立てられたのです。その三原則とは、次のようなものです。

①それまでの生活との継続性をもって暮らす
②高齢者自身の自己決定を尊重し支える
③いまある能力に着目して自立を支える

そして「個々人の個性的なニーズを見て、それに合った対応を重視する」方向への、ケアの大転換が始まり、いまもずっと続いているのです。このようなケアの大転換は、ヨーロッパ各国でも、進んでいきました。

このケアの大きな方針転換の一つとして、かつての〝特養ホーム（プライエム）〟は改装して、〝ケア付き住宅〟になりました。

スポー高齢者住宅

＊＊＊

そのひとつである、ケア付きの「スポー高齢者住宅」を、ここでケアの仕事に携わる、いつみラワーセンさんの案内で見学することができました。

ここは北フュン島市が運営し、ケアの必要性の高い市民が入居でき、入居費用はその人の収入に応じて決まります。

いつみさんは、三〇歳ごろ、ニュージーランド旅行中に障害者ケアの必要性に目覚め、「この道に進もう」と一念発起しました。福祉学校を卒業後にデンマークで長期研修をした後、九州で高齢者施設に勤めたり、認知症グループホームの立ち上げなどに携わった後で二〇〇五年にデンマークに飛びました。

その間に、宮崎市で市原美穂さんたちが、全国的に評価の高い、「ホームホスピス宮崎かあさんの家」を立ち上げたときに、最初のスタッフとして参加しました。いつみさんは家族を看病した経験も長く、本人や家族の気持ちになって「自分の求める本物のケアを、思いきりやれる！」と、「かあさんの家」に入ったのです。最初の利用者は、重度の認知症でしたが、いつみさんがいつも本気で話し合いながらかかわるうちに、見違えるように落ち着き、大きな手ごたえを得られました。市原さんは「いつみさんが、かあさんの家のケアの土台を作ったのです」と、当時を振り返ります。

「スポー高齢者住宅」では、かつて特養ホームだった時代は個室が並んでいました。今は改装して、小さな玄関、キッチン、バス、トイレに、居間と寝室のある日本流に言うと1LDKの住まいが並んで、入居者三〇人が思い思いに暮らしています。各戸にキッチンはありますが、食事は食堂で同じテーブルを囲み、玄関は開いていてケアワーカーがノックして出入りしています。

ここでケアをおこなっている職員の人数を、いつみさんに聞きました。

「日本のように、入居者に対してスタッフ何人と言う規定はありません。入居者の状況によって必要なサービスが異なるので、スタッフ数も変わります。

たとえば、ある入居者が看取りの時期を迎えて昼も夜も訴えが頻繁になり、スタッフが対応しきれない状況になったときは、その人専用の非常勤職員が配置されました。市は施設に対して、非常勤職員の給料を社会サービス法の予算から出してくれるのです」

この方式は、必要に応じて必要なだけの職員が得られてよいのですが、その必要数を明確に説明することが求められます。私が訪問した二〇一二年には、正規の職員が約三五人。そのほか、①定期職が約五人、②研修学生三人、③職業安定所経由で失業手当受給中の約三人がいました(このほかに事務、用務職、調理担当など間接部門の職員は別にいる)。

①の定期職とは、半年～一年の契約で、週一六時間程の短い勤務(日勤、准夜勤、夜勤を含む)をします。

②の研修学生は、医療・福祉系の学校からの実習生で、給与が支払われます。

③は、失業手当を受給する条件として、職業安定所がいくつかの職を斡旋《あっせん》し、そのうちの本人の希望の場で働くというデンマーク独特のシステムです。これは、本人の就業促進(少なくともスキルの低下を防ぐ)、職場は給与を負担せずに人を得られる、職業安定所は失業状態からの早期脱却をうながせる、という一石三鳥だと思いました。

＊＊＊

ケアというと、食事やトイレや清拭やシャワーなど身体ケアや家事援助が浮かびますが、デンマークの介護専門家の教育では、人間理解を「精神、身体、社会、文化」の四つの側面で学ぶそうです。暮らしは社会とのかかわりや文化の中にあると、改めて気づかされます。

スポー高齢者住宅でも、ケアの中に文化を取り入れて楽しんでいます。

食卓には、いつも愛唱歌集があります。食事がすんだら「歌いましょうか」と、みんなで好きな歌を歌います。寄贈されたピアノがあり、職員でも住人でも弾ける人がちょっと伴奏をつけることもあります。

高齢者住宅に引っ越したときに、飼っていた小鳥も連れてきた人がいて、みんなで飼うことにしました。すると鳥のさえずりがほかの階にも聞こえて「私たちも欲しい」と、ほかの人たちも飼うようになったそうです。

男性たちの語らい（提供：いつみラワーセン）

また、住人もスタッフも女性が多いので、男同士の話や趣味もしたい、ということで男性住人と男性ケアワーカーだけでの活動もしています。居酒屋通いもあり、です。

食事の場もいつもは食堂ですが、冬はサンルーム、夏は庭ということもあります。読書が好き、庭でトマトや草花を育てる……。ここに引っ越す前からの暮らしの楽しみを自分たちのアイディアで続けている様子に、高齢者ケアの三原則がさりげなく息づいていると思いました。

いつも静かに編み物をしている女性は、たくさん編んではアフリカの人に贈っているそうです。スタッフは、毛糸を調達したり、アフリカに送ることをサポートします。質素な暮らしぶりのなかで、自分のできること、好きなことをして、さりげない幸せを見つけるのが上手なことには感心します。

＊＊＊

いつみさんは、日本、デンマーク、ニュージーランドと三つの国で、家族の側と働く側の両方の立場でケアを経験してきました。ていねいな観察と温かい交流で本人の意思を察知する、いつみ流ケアを見ていきましょう。

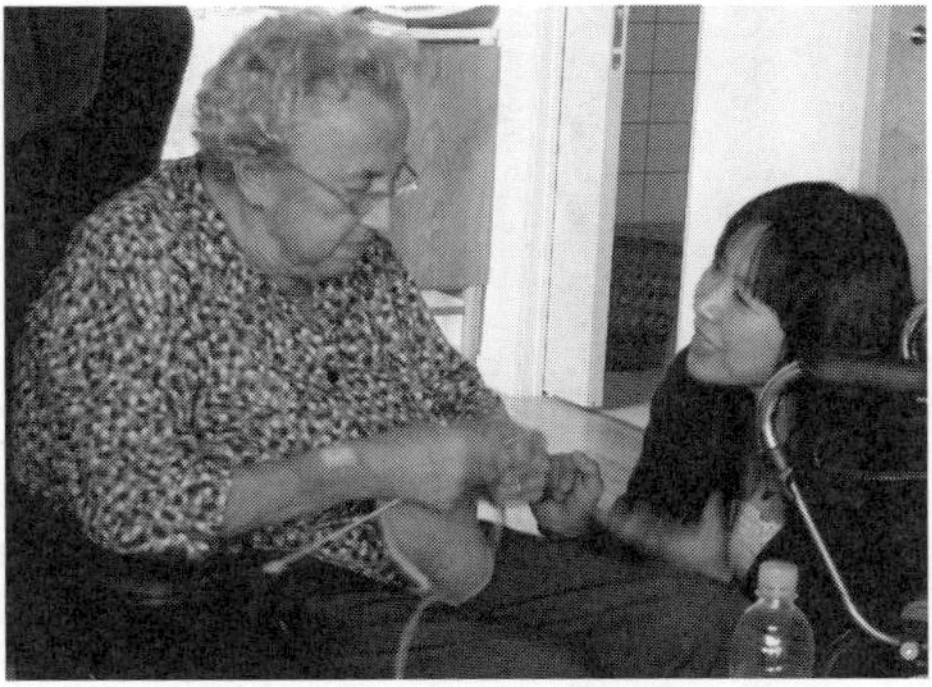

いつも編み物をして、アフリカに贈っている女性と、いつみラワーセンさん

●片まひでも、ほとんど自力

えんじ色のスクーターみたいな車いすで自由に動き回って笑っている男性は、片まひが多少ありますが、ほとんど自力で暮らしています（本章扉写真）。

彼のナースコールは、トイレにぶら下がっています。なぜなら彼に必要な介助は、トイレの後のふき取りとズボンをあげる手助けだけですから。そして彼自身が「ナースコールを持たない」と自分で決めたから。もし彼がトイレ以外の場所で転倒しても、ナースコールはできません。そのリスクを本人も周囲も覚悟したうえで、その人の意思を尊重します。

• 自分で食べやすいように

目が不自由で、明るいか暗いかと人の影がわかるくらいの女性。聴力も落ちてコミュニケーションが取りづらいこともあって、ベッドにいるのが大好きで、自分の手の届く範囲で過ごしています。ベッドわきのテーブルに、おいしそうな一房のブドウがあるのを見つけたいつみさんは「これでは食べにくいでしょう」と、あっという間にブドウの粒を房から外して、縁のある器に入れて「はいどうぞ」と手の届きやすいところに置きました。これで、ぶどうが転がり落ちず、自分でつまんで食べたいときに食べられます。彼女もいつみさんも大満足です。この人はこの後、一〇〇歳の誕生日を迎えてしばらくして亡くなりました。

• 「してもらうばかり」でなく「協力できることがある」うれしさ

大柄なデンマーク人の中でも大柄な体重二〇〇キロの女性。腕が重くて食事も自力でできず介助が必要、足も上げられません。移動はリフトを使い、日中は車いすで過ごし、常にケアしてもらうばかりでした。

でもいつみさんは、彼女に「私に協力してくれない？」と頼みました。どんな協力ができるのかというと……着替えのときなど、本人が腕や足をちょっと上げてくれると、着替えの援助がしやすいのです。「協力してくれてありがとう」と返すと、どんどん協力してくれます。いつも誰かにしてもらうばかりの人こそ、何か人にしてあげることができると、とてもうれしいのです。

「最初は、自分で体を動かすことの意識づけからはじめ、毎日少しずつくりかえしていって、この女性は自分で食事ができ、足も上がるようになりました」。これぞ、いつみ流ケアです。

•「この人はわかっている」と気づく

若いときの交通事故による脊椎損傷で、自力で動くことができず、全介助の男性。言葉も出ず、嚥下《えんげ》できないので、食事はずっと胃ろうです。でも、いろいろな家具の置かれた1LDKに住み、じょくそう予防のための体位変換をし、一日何度かはベッドから車いすに移り、日中の多くは車いすで過ごします。

「彼は何もわからない」と、ほかのスタッフは言うけれど、いつみさんには〝彼はわかっている〟とわかります。話しかけると、彼は必ず目を見てくれました。また、靴下をはかせるときに「足を上げて」と頼んでみたら、彼が足を上げようとするのをいつみさんは発見し、続けるうちに今では一〇センチくらい上がるようになったのです。

●飲みこむことを忘れた認知症の人には、思い出すきっかけを

ある認知症の女性は、口でもぐもぐ噛むことはできますが、飲みこむことを忘れます。ところが、コップが口のそばに来ると、水を飲もうとして、口の中の食べ物を飲みこむのです。

いつみさんはこのことに気づいてから、食事介助を変えました。一口ごとにもぐもぐ噛んだら、もうよさそうというタイミングで、コップを近づけ、本人は口の中のものを飲みこみ、水も飲むという方法です。でもこの方法は時間がかかるので、他のスタッフは「彼女はヨーグルトしか食べられない」として、毎食ヨーグルトにしてしまいました。

そのうち、いつみさんはこの女性の皮膚が赤くなり、じょくそうの始まりを見つけました。そして気をつけるよう申し送って休暇に入ったのですが、数週間後戻ったときには、かなり深いじょくそうになっていたのです。日本で「じょくそうを作るのは介護の恥」と学んできたいつみさんは、ナースに相談し、医師も往診しました。その結果、「たんぱく質がいつも

より必要で、ヨーグルトだけじゃ駄目」ということで、ナースが食事管理をおこなうことになりました。

食事も以前よりとれるようになり、時間はかかりましたが、じょくそうは完全に治りました。その一年半後亡くなるまで、再発することはなかったそうです。

•誤嚥(性肺炎)を防ぐ、姿勢や食事介助の工夫

食事どき、全介助の人が激しくむせていました。椅子にもたれて座る姿勢を見て、いつみさんは「あの後傾姿勢で食べたら、むせるのは当然。体を起こして前傾して食べれば安全なのに。でもそう言っても、あのケアワーカーはしないんですよ。デンマークのケアも、必ずしもすべてが理想的ではありません、介護は人なりきです」とこぼしていました。

誤嚥《ごえん》性《せい》肺炎をくりかえす人には、食事介助の工夫が重要です。食べようとする意欲はあるか、飲みこむ機能は回復可能か、その人の力と限界を見抜くことを重視します。「ですから、日本のような経管栄養や胃ろうは、高齢者には選択肢になりません」という説明が印象的でした。

ケアをするときに、いつみさんが大事にしていることを聞いてみました。

「どうしたらこの方と〝いっしょに働く、物事をともにおこなう〟ことができるかを、常に考えています」。何かするときには、事前に必ず「これから○○をしますよ」と話しかけてから、介助します。伝えると、その人が自分で意識して、手を上げたり足を上げたり、下を向いたり上を向いたりと、手伝ってくれるのです。これをデンマーク語で〝サム アーバイダ〟と言います。〝いっしょに働く、物事をともにおこなう〟という意味です。

「患者さんの希望にそうことも、大事にしています」。これは当たり前のようですが、患者の本当の希望を知るのは容易ではなく、奥が深いのです。まず「あなたは自分の希望を言ってよいのです」とくりかえし伝えて、自分の意思や希望を持てるようにガイドすることから始めます。本人の希望を少しでも引きだせたら、本気でいっしょにやっているうちに、ようやく本当の希望を伝えてくれる、といつみさんは言います。

「人にかかわる職業人に求められるものは、常に〝人間的な感性〟だと思います。どんなに理想的な〝国や制度〟でも、結局は人、〝ケアは人なりき〟ですね。私自身、まだまだ自分づくりが足りなくて反省の毎日です」

ケアの職種の教育

デンマークの介護の学校では、ケアに従事する資格は教育を積みあげて順次、獲得できるシステムです(ヨーロッパに多い)。「社会保健ヘルパー」が教育を重ねて、日本で言う介護職のような「社会保健士」になることができ、さらに教育を重ねると「看護師資格」が取れます。教育はすべて無料です。

☆教育年数は、社会保健ヘルパーが一四か月、社会保健士は一四か月＋二〇か月。看護師は三年八カ月〜四年。

☆教育方法は、理論と実践力の両方を重視し、学校での講義や実習と、現場での実習を交互にくりかえし、確実に知識・技術を身につけていきます。

☆卒業後、就職してからは、職員の研修指針にそって、継続的に教育がおこなわれます。たとえば社会保健ヘルパーは、週一回、二〇週間で、認知症への対応やコミュニケーション、プロとしての冷静な仕事への取り組み(個人的、感情的に受け止めないこと)などを学びます。

(ネストヴェズ市のビエギッテさんの講義をもとに筆者作成)

現場発の豊かなアイディアと知恵をいかす

デンマークでは、特養ホームがケア付き住宅に転換したように、かつての障害者施設もケア付き住宅に転換しています。その一つがいつみさんも注目している、高齢になった知的障害者のための住まい、北フュン島市に近いソノスー市にあるプライエセンター・ベスタボー。ここは、知的障害者をケアして二〇年のスザンネ・ソビさんが、長年温めてきたアイディアや工夫を市に提案して、採用されて実現したところです。

ソビさんは、医療やケアの進歩により障害のある人が長寿を迎えるようになると、若いときとはニーズが変化して、それまでのケアでは対応できなくなることに気がついていました。

たとえば、次のようなことです。

- 高齢になるにつれて、身体的ケアの必要性が高まる
- スピーディーに活発に活動するよりも、静かなゆったりした生活がよくなる
- 日中のケアだけでなく、夜間のケアも必要になる

でも、それなら普通の高齢者ケアといっしょでもよいのでは？　と聞くと、ソビさんは「普通の高齢者住宅では、家事援助と身体ケアが中心なので、知的障害者に必要な社会的ケア(ペタゴーという)が不足するのです」と答えました。

「社会的ケア、ペタゴー」という言葉を、デンマークではよく聞きます。ペタゴギーともいい、ギリシア語が語源で「若者を導く」つまり自分の進む道を、自分で考えだし、その道を拓くことを助け、社会的行動ができるようにサポートする意味です。身体ケア、医療ケア、家事援助と並んで必要とされる「社会生活教育ケア」です。精神障害者の社会復帰で言う「ソーシャル・スキル・トレーニング(SST　社会生活技術訓練)」に通じるようにも思います。身体ケアと社会的ケア(ペタゴー)の組み合わせは、認知症の方にも必要なケアです。

いつみさんも「デンマークのペタゴーは、日本にも必要。いつか日本でペタゴーの教育をめざしたい」と言っていました。

「こういうニーズに対応できる、知的障害の高齢者にあった生活の場が必要」と、ソビさんはずっと願っていましたが、実現するチャンスはなかなか来ませんでした。ある日、市が高齢者住宅の建設を計画していると聞きつけ、すかさず「高齢者住宅の一角には、ぜひ障害者用を」と提案して、実現したのです。こうしてできた高齢者住宅プライエセンター・ベスタボーの一角にある知的障害者の棟を、ソビさんの案内で見学できました。居室は、大きめの１ＬＤＫで、最高齢が七五歳。若い人では、五四歳のアルツハイマーの人が住んでいます。

その中に、二五歳の若者が一人いたので驚きました。この人は二四時間ケアが必要で、両親が家の近くにいてほしいと希望しているための特例でした。「障害や年齢などの枠にはめるのではなく、個別的なニーズを見て、できるだけ対応する」ということは、こんなに柔軟なのです。

食事時はきれいな食堂に集まって、みんなでおいしそうなピザを食べていました。若い知的障害の人なら、日中は外の作業所などに出かけていきますが、ここの住人は高齢で出かけるのはおっくうなので、日中の活動はこの食堂や庭でおこなうことが多くなります。

職員は、社会的ケア（ペタゴー）を担当する六人、ケアワーカーが五人の交代制です。デンマークでの通常の三交代制は、一人の職員が日勤だけ、夜勤だけなど同じ時間帯だけに勤務します。でもここは、七時から二三時までの時間のいろんな時間帯に働くようにしています。入居者が一日のいろいろな時間にみせる姿を、スタッフが把握できるようにという工夫です。

＊＊＊

「個々人のニーズに着目するケア」のための、ソビさんの知恵と工夫を教えていただきました。何らかの障害をもつようになった高齢者への子どもなど家族によるケアにも通じます。

スタートラインは、本人の気持ちや希望を引き出すことです（知的障害者の場合は、本人と両親の意思）。この意思を引き出すコミュニケーションのためには、最初にその人にはどういうコミュニケーションスタイルがいいのかを見極め、それにマッチさせて話し合うことがポイントになります。そして、両親の真意を引き出してみると、両親の気持ちと、本人自身にとってよいこと、が異なっていることも多いそうです。そこで、専門家としてのアドバイスや提案をしつつ、いっしょに話し合っていきます。

障害者のケアでは、厳しい現実（バッドニュース）を伝えて話し合い、アドバイスする場面も多くなります。実際に話し合う場面で、一番大事なのは、相手との信頼関係です。ソビさん自身は「この職場で長年働き、利用者や両親と長年のかかわりをもってきた経過の中で、信頼関係を築くことができました」と言っていました。

両親は障害のある子どもが心配で手元に置きたがり、親子の距離がとりにくいことも多いそうです。両親に安心してもらうためには、両親から離れてここで暮らす子どもたちが、実際にどんな生活をし、どんな成長をするかなど、よい事例（グッドヒストリー）をたくさん伝えると、希望を持ってもらえます。また両親は、昔の障害者施設の暗いイメージをもって結論を出してしまうかもしれません。その前に「試しに見に行きませんか」と誘って実際を見てもらいます。こうして両親に「障害のある子どもも、自分の人生を歩む権利を持っている」ことに気づいてもらうのです。

＊＊＊

さらに、ここでは日々の仕事に倫理感を行き渡らせるための、楽しい方法を取り入れていました。デンマークの国民ならだれもが親しんでいるキルケゴールの哲学から、「日々の仕事に生かす倫理」を四つにまとめ、みんなが使いやすいようにしてあるのです。

1 自己決定の尊重：自分で決めることができるようにサポート
2 尊厳の尊重：敬意をもってその人の考えや価値観を尊重する
3 統合を考慮：数多くのスタッフに役割分担しすぎないで、統合的におこなう
4 弱さへの配慮：傷つきやすい繊細さや困難さへの思いやりをもつ

この四つをポスターやパンフレットにして、利用者や家族への説明に使います。

また職員にこのことを徹底するために、大きなカードに書いて、日々のスタッフミーティングで使っています。ミーティングでのいろいろな話題について、現状把握や解決の方向性

を話し合うときに、1〜4までの側面がどうなのかと考えるのです。「1はどうなっていますか？　本人が決めていますか？」、「では、2のその人の価値観を尊重できていますか？」と、カードを床に置いて動かしながら、話し合ううちに、1〜4のどこに問題があるのかが見えてきます。そして「対応の道筋は、この四つのどれを優先して行けばいいか」、「四つの関係性は？」など、いつもこの四つを軸にして問題を整理し、対応を導きだすのに使えるのです。

ソビさんと4つの倫理。後ろに見える机は働く人の健康のために、座っても立っても使えるように高さが調節できる

　ソビさんは「人によってニーズが違いますから、一人ひとりにあったケアやサポートにするために、職員研修の継続が大切です」と

強調します。そして「厳しい予算削減の中で奮闘しながらですが、まあスムーズに変化していると思います」と、にっこり。

私が「では、もう大丈夫ですね」と応じると、ソビさんの笑顔がさっと引き締まりました。「いいえ！　よほど気をつけないと、昔風の〝分類してあてはめたケアサービス〟に逆戻りします。今もこれからも、ずっと変化し続けるプロセスが重要なのです。変革に終わりはありません」。ソビさんのこうした緊張感によって「年齢や障害の状態で分類してあてはめるサービス提供」から「個々人のニーズに着目して対応するケア」への大転換は、現場レベルでじっくり進んでいるのだと気づかされました。

＊＊＊

デンマークの在宅ケアは、何度か述べたように、税金を財源にした行政サービスであり、原則として無料です。介護も医療も福祉もそして教育も無料なので、市民としては税金が少々高くても納得できますし、自分たちが払った税金の使い途《みち》には目を光らせています。

ソビさんが長年の念願を実現したように、職員や住民がアイディアを市に提案し、よい案と認められれば市の事業として実現し、提案した人が運営に携わる。このデンマーク流の行政の進め方は、現場感覚でつかんだニーズに直結しており、合理的で効率的だと思います。

ある高齢の女性が提案してできた、共同住宅を見学しました。「高齢者がひとり暮らしになると、それまでの大きな家を維持するのは負担になる、お互いに交流したり助けあえるような終《つい》の棲家《すみか》になる共同住宅が必要」と考えたのです。運営方法までよく練って提案したところ、市の事業として採用されました。建設後は自分も住み、運営管理を市から委託されて、住人の交流や助けあいがスムーズになされるように運営しています。

高齢者の共同住宅

「社会保障やケアの仕組みがいくら整っているといっても、実際のケアを左右するのは、ケアをおこなう人」という、いつみさんの指摘も心に響きます。人にかかわる職業人が〝人間性、感性、倫理性〟を保つために、理念を形にし、日々の職場でつねに使えるようにしたソビさんの工夫も参考になりそうです。

千葉忠夫さんの著書『世界一幸福な国デンマークの暮らし方』によると「あなたは幸せですか？　今の生活に満足していますか？」と聞かれて「はい」と答え

る人が一〇〇か国中、最も多いのはデンマーク。日本は四三位です(米国ワールド・バリューズ・サーベイ、二〇〇八年)。また別の幸福度マップでも、一七八か国中、デンマークは一位で、日本はなんと九〇位でした(米国レスター大学の研究、二〇〇六年)。

一年の半分は零下の冬に閉ざされる厳しい自然条件でかつての厳しい生活苦があったからこそ、デンマークの人は今かちえた幸せを大事に感じ、物事のよい面に着目するようにも思いました。

第4章
プライマリケアの土台の上に
―英 国―

マクミランがんケアサポートの広告を掲げたロンドンバス

英国

人口 6400 万(2013 年)、高齢化率 16.2%(2011 年)

日本と同様に四方を海に囲まれた英国の医療と保健は、ほかの国にはない独特な「国民医療サービス(National Health Service　NHS)」によっておこなわれています。NHS は第二次大戦後に創設され、家庭医診療所、地域保健センター(在宅ケア、学校保健)、助産院、薬局、病院、救急医療などを提供してきました。税金で運営されているので、基本的には無料です。時代のニーズの変化に対応して、英国政府と NHS は新しいサービスを導入し、組織と財政改革を続けてきました。高齢化により介護の必要性が増えつづけていますが、介護保険はなく、行政の福祉サービスと NHS サービスだけでは対応しきれません。ケアホームは民間企業の運営で、ケアの質が問題視されていました。

NHS とは別に、100% 自費での診療をおこなうプライベート病院や診療所もあり、富裕層や駐在外国人が主に利用しています。

また独立したチャリティ団体(寄付による民間ボランティア団体)が、新しい動きを果敢に牽引してきた伝統もユニークです。その一つが、英国が発祥の近代ホスピスで、今では NHS との連携が強まっています。

全科診療をおこなう家庭医

オランダやデンマークと同様に、英国の人々は「家庭医(General Practitioner)」を持つことが義務とされ、生まれるとすぐＮＨＳの家庭医診療所に登録し、患者情報は、住む場所や家庭医診療所が変わっても生涯ずっと引き継がれます。

英国で活動する日本人の家庭医、澤憲明さんに、実際の活動を紹介してもらいました。澤さんは、英国での高校課程(多くの教科で日本の大学一年めの教養課程レベルに相当)から学び、大学の医学部に進学し、初期基礎研修を経て家庭医になるための厳しい後期専門研修を修了し、同時に、「家庭医療専門医」の認定試験に合格しました。

澤さんによると、家庭医が地域の多職種チームと協働しておこなう「プライマリケア」は一次医療と訳されることもありますが、「プライマリ」は「初級の／基本の」ではなく、「主要な／最も重要な」という意味であり、医療はもちろん、予防や介護、生活支援などまで幅広く含むそうです。英国では健康問題の九〇％を、プライマリケアで対応しています。

患者が「ここはオープンで対等だ」と感じ、話しやすいように少し斜めにお互いが座り、電子カルテはいっしょに見える位置に。患者と医師は同じ椅子。家庭医は「患者中心の医療面接」を厳しく教育され、白衣は着ない（提供：澤憲明）

英国中部のリーズ市近郊の町ポンテフラクトでは、人口約三万に対して三つの家庭医診療所があります。その一つ「スチュアートロード診療所」が、二〇一二年からの澤さんの職場です。ここは五人の家庭医によるグループ診療で、約八五〇〇人の住人が登録しています。

家庭医は、患者の日常的な病気や健康問題への全科的診療をおこなうことが特徴です。内科、外科、小児科、精神科、整形外科、老年科……何科の問題でも対応します。医学的な問題以外、たとえば夫婦仲の問題、精神的・社会的な問題、予防や健康増進、介護や生活支援なども相談に乗ります。家庭医は、診療所の看護師、地域看護師（一四〇ページ）、学校看護師、助産師、理学療法士、作業療法士、栄養士、カウンセラー、ソーシャルワーカーなど数多くの職種と協力して対応するのです。

平日の外来は八時から一八時の間。患者さん一人につき一〇分で予約を受けます。ただし急性の健康問題や緊急度の高い場合に予約がなくても対応できるように、五人の家庭医のうち一人はオンコール(日直)当番としています。

あるとき、七歳の子どもの母親が「この子はスナック菓子やジャンクフードばかり食べて、私が工夫して作る料理を食べてくれません。下の子も真似して食べなくなってきました」と涙ながらに訴えてきました。このときは、子どもの通う学校の学校看護師に連絡して、学校で食事について話してもらう、という解決策をとったそうです。

「薬の処方のように、〝社会的活動の処方〟もよくしますよ」と澤さん。〝社会的活動の処方〟とは、地域の中で人と人をつなぐ活動を紹介することです。たとえば、「あっちが痛い、こっちが痛い」という訴えの多い八〇代の女性を自宅で診たとき、女性はせきを切ったように話し始めました。そのようすから「孤立していて寂しいのではないか」と澤さんは判断し、地域の散歩クラブやランチクラブなどを紹介する〝社会的活動の処方〟をしたら、痛みの訴えはなくなったそうです。

また、健康増進や予防も家庭医の役割ですが「移民や虚弱な高齢者など、サービスが必要な人ほど、自分から求めてこない傾向があり、こちらから探しに行くことが必要」と澤さんは言います。同じことを、英国の地域看護師からも聞きました。日本の保健師活動にも通じることです。

そして「具合が悪くて受診したいが、(何らかの理由で)行けない」という患者には、電話相談か在宅診療で対応します。患者の自宅を訪ねる在宅診療は、家庭医五人で分担するので、一人が訪問するのは一日二〜三軒、多くて四軒です。澤さんは、午前の診察を正午前に終了し、午後の診察は一五時に始めるので、その間を在宅診療の時間にしています。

在宅診療には、たとえば、こんな訴えがあります(【　】内は家庭医の果たした役割)。

•四〇代女性：今朝、目が覚めたらぎっくり腰のようで、痛くて動けないので、来てくださ い【整形外科】。

•七〇代女性：夫が、二日ほど前から腹痛らしく、本人は「痛くない」と言い張りますが、今朝は尿に血が混ざっていました。心配です【泌尿器科、内科】。

•若い母親：二歳の子どもの熱がすごく高いのです。下の子どもも具合が悪くて、診療所に連れていけないので困っています【小児科】。

•ナーシングホームのスタッフ：入居している八五歳の女性の胸に発疹があります。陰部がかゆいようです。体重が落ちています。この三つの問題をお願いします【皮膚科、婦人科、内科、ナーシングホームのスタッフとの連携】。

・訪問看護師：七五歳の末期がんの男性患者が、朝から嘔吐しているのです【腫瘍科、緩和ケア科、訪問看護師、緩和ケア専門看護師との連携】。

・五〇代の女性：母は軽い認知症なんですが、今日はいつもより混乱していて、介護している私は、もういっぱい、いっぱいです【精神科、訪問看護師や介護サービスなどとの連携】。

訴えは、このように実に多様な診療科にわたり、家庭医とチームで対応する姿はまさに「全科診療」です。

登録している住人には、人生の中でいろいろな病気になる可能性があります。それらを継続して診ていくには、家庭医が〝全科診療ができる実力〟を持つことは必須なのです（家庭医の教育については巻末参照）。

また家庭医には、登録している住人の既往歴や検査や治療などの患者情報を集積する義務と責任があります。電子カルテが、ほぼすべての家庭医診療所に導入されて、地域の多職種チームと共有しています。最近では、病院や時間外サービスチームでも電子カルテの導入が進んでおり、住人がこれらのどこかを利用する際には最新の医療情報や健康情報がすぐにわかることが、医療の継続性の土台になっています。

こうして総合的、継続的に把握しているからこそ、電話でも的確に対応できるのでしょう。患者にしてみれば、具合が悪くても診療所に行けないときに、電話で自分のことをよく知っている医師と相談できたり、往診してもらえるのは心強いと思います。

＊＊＊

かつては、住所によって家庭医が決まり、患者側が家庭医を選択できる余地はありませんでした。でもいまは、住人が自由に診療所を選んで登録し、受診の際は、診療所の複数の家庭医を自由に選択できます。

選択の参考になるのが、全国の家庭医診療所や病院についての情報公開(GP Patient Surveyや NHS Choices)です。これらには、住所や電話番号、営業時間、障害者用施設の有無、医師の名前や性別、英語以外に使える言葉などのほか、患者満足度調査の結果や病院の評価なども公開されています。

この患者満足度調査は、全国共通で毎年おこなわれ、質問が大変実際的です。たとえば「会って話した家庭医を信頼できましたか?」、「診療所は、便利な時間帯に開いていますか?」、「前回、診療所で家庭医に会って話したとき、家庭医は、あなた自身がケアについていっしょに話し合えるように、うながしましたか?」、「近所に誰かが引っ越してきたら、あなたの家庭医診療所をすすめますか?」など、すぐに参考になります。

家庭医チームが心強いとはいえ、診療所が開いているのは平日の八〜一八時と土曜の午前だけです。診療所が閉まっている夜間帯や休日のためには、救急車とは別に、時間外対応を専門とする家庭医グループが各地にあり、年中無休で電話対応、外来、在宅診療をしています。電子カルテを時間内サービスの診療所と共有しているケースが多く、時間外家庭医グループは患者さんの連絡を受けたらすぐに、それまでの健康問題や診療記録を参照して、継続性を持って対応できます。そして、時間外対応を終えたら、その内容を電子カルテに入力して、翌日以降の、もともとの家庭医の診療につなげるのです。

そのひとつ、ロンドンの往診専門ドクターグループ「カミドック」には、約三〇〇人の家庭

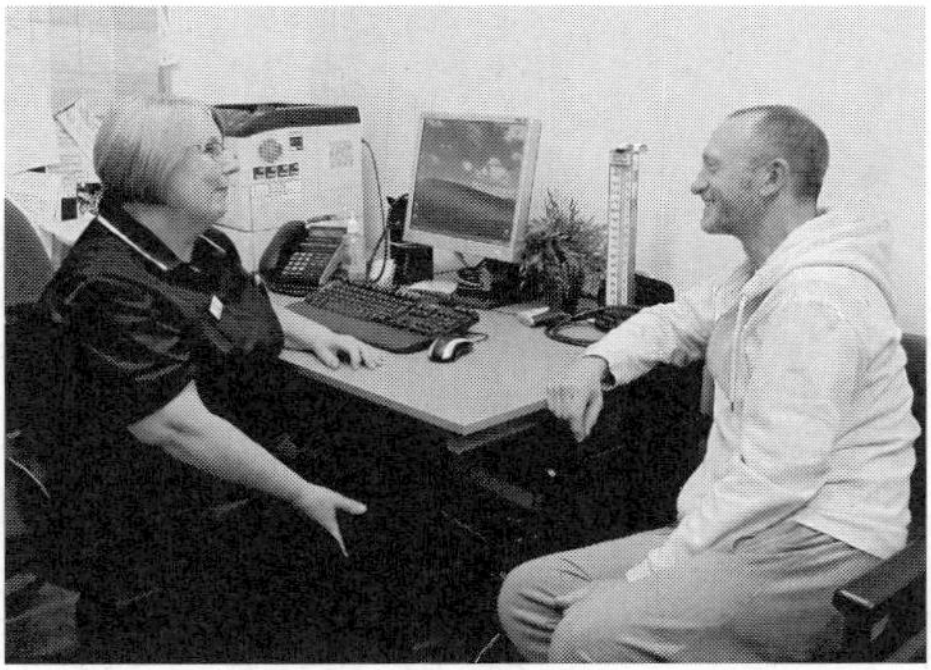

家庭医診療所の看護師も診療室を持ち、風邪などよくある急性期の問題、基本的な外傷ケア、高血圧や糖尿病などの定期的管理を担当。禁煙、避妊などの専門外来もおこなう(提供:澤憲明)

医が登録しています。ここに夜間訪問を依頼できるようになって、家庭医も地域看護師も夜間対応の負担が減り、家庭医の希望者増にも一役買ったそうです。

＊＊＊

NHSの家庭医診療所や地域保健センターや病院は基本的に税金で運営され、ほぼ無料で利用できますが、これとは別に、一〇〇％患者の自費による診療所や病院もあります。富裕層や駐在している外国人に利用される傾向にあります。同じ医師や病院がNHS診療とプライベート診療の両方を（時間や場所をわけて）おこなうことも少なくありません。

家庭医の知恵「患者中心の医療面接」

患者のニーズや価値観を大事にした「患者中心の医療面接」は、家庭医療専門医の大切な専門性の一つです。医学部教育から医師としての基礎的なコミュニケーション能力を教育されたうえに、家庭医療の専門教育の中で体系的学術的に徹底してトレーニングされ、専門医試験でも厳しく審査されます。

澤さんは医療面接の三つのスタイルを「患者が、頭痛がひどいのでCT検査を希望するが、医学的には必要性が低い」という場面を例にとって、説明してくれました。

(A)医師中心：医学的情報を中心に、専門家として判断し、方針を伝える。患者の主観的なとらえ方や生活への影響を、あまり配慮しない傾向が強い。

医師「この頭痛にはCT検査は必要ありませんね」

患者「はい、わかりました」

(B)消費者中心：医療が商品として扱われ、消費者としての患者の意向や利益が優先される。医学的な情報が軽視され、不適切な医療になる傾向もある(過剰診療になったり、必要な医療が受けられないなど)。

患者「CT検査をしてください」

医師「はい、わかりました」

(C)患者中心：患者の心理・考えの背景や理由まで話し合い、医学的な情報と患者の主観的なとらえ方の両方を把握し、患者と医療者が相互に理解して納得のいく意思決定をする。医学的な情報を大事にしながら、患者のニーズや自主性、価値観に応じた結果を導きだす。

患者「父が激しい頭痛を伴う脳出血で亡くなったので、私の頭痛も同じではないかと心配です」

医師「心配はわかります。お父さんのことも考えながら、あなたの頭痛を診ましょう。お父さんの頭痛は急激で、嘔吐など重大な症状が伴ってましたね。あなたの頭痛は二日かけてゆっくりで、鼻水やのどの痛みや熱などが伴うので、風邪の可能性が高いのです」
患者「でも念のためにCT検査をしてもらえますか」
医師「CT検査もあり得ますね。ただ、今の症状では、脳に重大な兆候があったとしても、そのような疾患が見つかる可能性は限りなくゼロに近いです。また、CT検査はエックス線検査よりも大量の放射線を浴びることになりますから、今後さらに症状があらわれたときに相談するのも、オプションの一つです。それでもCT検査を希望されるなら、喜んで手配させていただきます」
患者「では、しばらく様子を見ます」、あるいは「それでも、CT検査をお願いします」
医師「はい、わかりました」

地域保健センター

ＮＨＳの「地域保健センター(Community Health Centre)」は、管轄地域に住む赤ちゃんから高齢者までの健康生活に関して活動しています。家庭医診療所と同じ建物内や近所にあることが多く、しばしば連携しています。その一つ、ロンドンの下町タワーハムレット地区にある、セントピーター地域保健センターを訪ねました。

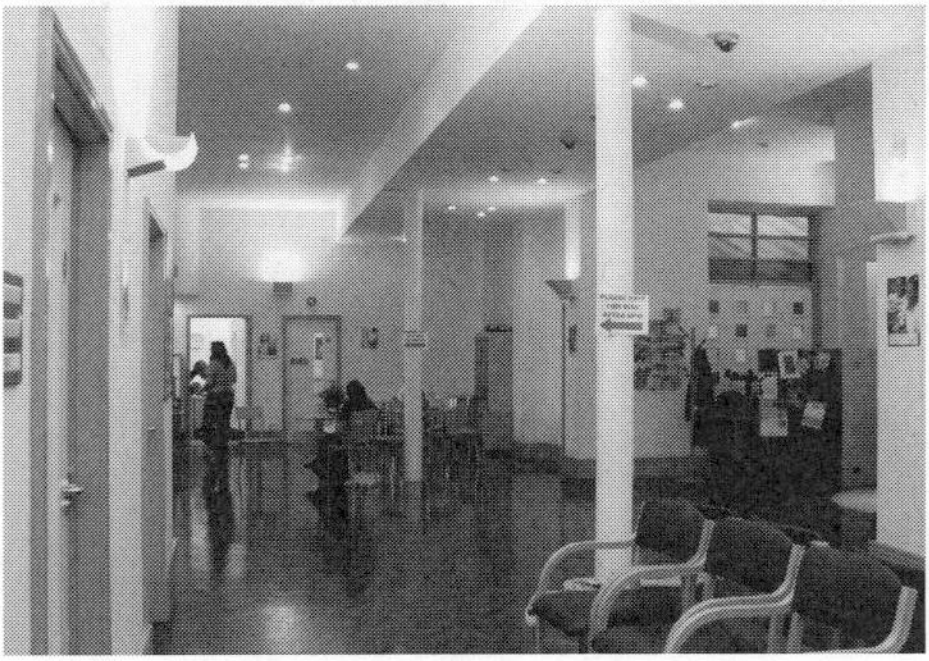

(上)セントピーター地域保健センター。古い教会を改装して活用　(下)１階の待合室

東欧、アフリカ、中東などからの移民が多いこの地区は、感染症や生活習慣病などの健康問題も多いところです。人口二〇万六〇〇〇に家庭医診療所は三九、歯科医二三、薬局四三、眼鏡店が二一あ

ります。

セントピーター地域保健センターでは、地域看護師、保健師、学校看護師、地域精神科看護師、地域助産師などが働いています。

「ここに住んでいる健康問題や社会的・経済的に困っている、自立がむずかしい人々を私たちが対応しなければ！」という、意気盛んな実力派ぞろいです。

この地域保健センターの一階は、看護職による外来で、小さめの病院の外来のような感じです。ストーマケア、傷の治療、足のケア、家族計画、妊娠・出産健診など、看護師や助産師のケアや治療を受けられます。「今は、地域看護師は家庭訪問をしてケアすることが多いのですが、来られる人は、もっとここに来てもらうようにしたい」というのが所長からの説明でした。

二階には学校看護師の事務室があります。スクールナースは、ぜんそく、糖尿病などケアが必要な子どもも学校に通えるようにするのが主な仕事です。一人でいくつかの学校や幼稚園を担当して、教員が子どもたちのケアをできるように指導したり、朝礼で生徒に健康について話したり、親への相談や指導もします。

三階にある地域看護師の大きな事務室が、この地区の在宅ケアの拠点です。この部署は、地域看護師約一〇人、そしてむずかしいケースを継続的に担当するケースマネジャー、地域での看取りケア普及のための担当者、夜間リーダーや介護職などが大勢います。

週七日、年三六五日、毎日八～二三時まで稼働し、利用者のお宅に訪問してケアをおこなうのです。訪問から戻ったスタッフがすぐに利用者のことを話し合う姿も見え、充実感のある、あわただしい雰囲気は、日本の訪問看護ステーションに通じます。

また、NHS改革の一環で、患者への初期対応、傷の手当て、緊急度判断(トリアージ)、複雑な背景をもつ困難なケースに対応できる力量が看護系の職種(次ページコラム)に求められる方向へ進んでいます。このなかで地域看護師が、慢性疾患や風邪などよくある病気で日常的に使う薬や一般的な抗生剤など、薬を処方できる力量をつけるための再教育が、順次進められていました。

＊＊＊

地域保健センターは、夜二三時に終業し、翌朝の始業の八時までは「夜間対応チーム」が引き継ぎます。夜間対応は電話のみで、訪問が必要な場合は翌日に行くのが原則です。急変や看取りなど夜間訪問が必要になりそうな患者さんがいるときは、昼間のうちに往診専門ドクターグループ(一三二ページ)に連絡して準備してもらう、という有機的な連携をしていました。特別な場合は、夜間の訪問を組むこともあります。

セントピーター地域保健センターの夜間対応チームは、地域の中核病院内に毎晩二人のベテランナースを置いていました。病院内に置くことで、病院のバックアップが受けやすいのです。

このほかに地区内の伝統あるセントジョゼフ・ホスピスが夜間電話に、対応しています。看取りの時期などで夜間も誰かがつく必要があるときは、夜間の看取り付き添いチャリティ団体（一四四ページのマリーキュリーナースなど）に依頼します。

看護職種の教育、資格、更新制度

英国の在宅ケアでは、看護関係の職種がリーダーシップを発揮して働いています。これらの資格の教育や仕事を見ておきましょう。

○看護基礎教育の種類

【パート1：看護師】

看護師には、成人看護、小児看護、精神保健看護、知的障害者看護の四種類があります。一八歳で高校卒業後、三年間の教育を受けます。学生は、入学の時点で、四分野のどれに行くかを選びます。かつては大学と専門学校がありましたが、二〇一三年からはすべて大学(BSc＝Bachelor of Science)になりました。

【パート2：助産師】

一八歳で高校卒業後、三年間の教育を受けます。

【パート3：公衆衛生看護師】

在宅ケアの中心的な担い手です。パート1の看護師あるいはパート2の助産師資格を持つ人が、さらに学んで取得します。ヘルスビジター、学校看護師、地域看護師、の三種類があり、教育期間は、一年(集中コース)または二年です。英国政府は「ヘルシーチャイルド政策」に力を入れており、五歳まではヘルスビジター、五〜一九歳は学校看護師、それ以上が地域看護師という分担です。地域保健センターに勤務したり、自分でクリニックを開くこともできます。

・ヘルスビジター(Health Visitor)

日本の保健師に似た職種で、かつてはあらゆる年齢層が対象でしたが、近年は母子を対象にしています。

子どもが生まれると、病院や助産院からその地域担当のヘルスビジターに連絡がいき、出産後二週間以内に赤ちゃん全員に家庭訪問して、子育てサポートを始めます。三歳ころまでに脳の発達をうながすにはどんな刺激がよいか、質のよい子育てのために親をどうサポートすればいいかなど、健康問題を予測して、家族の健康と幸福度を上げていく、活動が主です。ヘルスビジターの活動により親子の健康や幸福が増進されたという研究結果を受けて、英国政府はヘルスビジターに着目し、二〇一五年までに大幅増員する計画です。

• **学校看護師(School Nurse)**

学校看護師の仕事は、児童虐待対策(サインをみつけて早期対応)、生徒や教員の健康増進、健康的な食事や健康的なライフスタイルなどの全国キャンペーン推進、予防接種、危険な薬物や性行動を防ぐ指導などをおこなったり、特別なケアが必要な子どもたちへの個別ケアをすることなどです。

地域内のいくつかの学校を巡回して活動することが多いのですが、日本のように一つの学校に常駐する働き方もあります。看護師も学校で働くことができますが、学校看護師の資格を取得すると、学校の健康増進全体のリーダーになれます。

• **地域看護師(District Nurse)**

主に大人が対象なので、看護師(パート1)のうち「成人看護」の資格がある人が、さらに一～二年の教育を受けて取得するのが、地域看護師です。

仕事は、成人や高齢者の在宅ケアが中心で、緩和ケア、創傷のケア、健康増進、家族介護者のサポート、高齢者ケア、慢性疾患のケアなど広く対応。病院から地域ケアへ早期退院という政府の方針のもと、地域内のリーダーシップや、地域で働く看護師のスーパーバイズができます。

○資格再登録・更新制度——看護職の場合

これらの看護職種では、三年ごとの資格の再登録・更新制度があります。「登録後の教育と実践(Post Regulated Education and Practice　PREP)」といい、再登録されるためには専門分野についての「実践」が三年間で四五〇時間以上と、「継続教育」が三年間に三五時間以上必要です。

これらの実績が証明できない場合は、資格は再登録されません。登録されないと、その専門の仕事につくことはできないのです。

ただし、離職期間のあとで再び仕事に戻りたいときは、再登録プログラムを修了すれば、再び資格登録をして就業を再開することができます。

（シティ大学ロンドンのロス・ブライア教授の講義をもとに筆者作成）

チャリティ団体の存在感

ＮＨＳが対応できていないニーズについては、チャリティ団体が質の高い活動をいち早くおこなってリードする、という伝統が英国にはあります。たとえば、ホスピスはチャリティ団体として始まり、約一〇〇年を経た今では全英に二〇〇以上もあります。近年はＮＨＳがホスピスに運営費を援助したり、ＮＨＳ自体のホスピスもできるようになっています。がん患者への「マクミランがんケアサポート」や「マリーキュリーナース」、新しいところでは「マギーズがんケアリングセンター」の相談支援活動などが、日本でも知られています。

日本ならすぐに行政の補助金を要望しそうですが、なぜチャリティ団体でおこなうのでしょう。疑問に思い、チャリティ団体をたずねるたびに聞きましたが、「したいケアや必要な活動を思いどおりに展開するために、独立したチャリティ団体であり続ける」につきるようです。そしてＮＨＳにとっては、チャリティ団体の活動と人材と知恵で大いに助けられている、という関係にあります。

＊＊＊

「マクミランがんケアサポート」は、政府の高官だったダグラス・マクミランさんが、父親ががんで苦しんで亡くなったときの経験から一九一一年に創立しました。がんにかかわる幅広い活動をしています。各種のがんについての、実用的な小冊子が多数(優に一〇〇種類以上)そろっていて、病院でも地域でもよく活用されています。

マクミランの特色は、NHSの病院や地域保健センターやホスピスなどが、緩和ケアを立ち上げるときの支援です。緩和ケアまたはがんの専門看護師(マクミランナースと呼ばれます)が、マクミランの資金で入って三年間で事業を軌道に乗せ、四年目以降はNHSの予算で継続し、マクミランの名前はずっと掲げ続ける、という仕組みになっています。NHSは三年間の専門家の人選と、その人件費を負担せずにすみ、マクミランは名前がずっと残るという、両方にメリットのある手法です。

ケンブリッジのNHSホスピスを訪ねた折に、建物の窓に「マクミランがんケアサポート」というシールが貼ってあり、なかに入ってみるとマクミランナースが働いていました。ここは家庭にいる患者を訪問してホスピスケアをおこなう部署で、患者は常時二〇〇人、新規依頼が毎週二〇件もあり、スタッフは、看護師四人、ケアワーカー五人、心理士、ボランティアで、対応しているそうです。

マクミランナースになるには、がん看護または緩和ケアの大学教育を終え、看護師として五年以上の経験（うち二年間は、がんまたは緩和ケア）と管理能力が必要で、教育・研究の経験、訪問看護の経験、薬の処方資格を持ち、大学院で専門分野を学ぶ意思があることが求められます。

このような厳しい条件をクリアして、マクミランナースになることは誇りです。二〇一〇年の段階で、三四〇〇人のマクミランナースが、全英の病院や地域保健センターなどで活動していました。

日本人看護師の外狩《とがり》仁美さんも、マクミランナースの一人です。ロンドンのチャリングクロス病院で緩和ケアやがん患者の退院支援に活躍しています。

＊＊＊

「マリーキュリーナース」は、一九六〇年にリバプールの外科医たちが、がん手術後の患者のために、一一のホスピスを建てたことから始まりました。マリーキュリーという名前は、この財団の活動を始めた当時に「誰もが知り尊敬されている名前を」との趣旨で、フランスのマリーキュリー財団の了解を得て、名づけたのです。ホスピスや看護学校も持ち、緩和ケアの開発や研究など、幅広い活動をしています。

緩和ケアが必要な患者の自宅に滞在してケア(主に夜間)をおこなう活動が、マリーキュリーの特色です。まず、地域看護師が「この患者にマリーキュリーナースが必要」と判断して依頼し、患者についての情報や必要なケアなどを伝えます。それを受けてマリーキュリーナースは患者の自宅に滞在してケアをおこない、患者の状態や変化などは地域看護師に随時連絡して、地域看護師が対応・調整していきます。費用については、患者は無料ですが、NHSの予算から支払われます。

たとえば、両親と暮らす若い女性患者が「最期まで家で過ごしたい」と希望しましたが、担当する地域看護師が「この人は痛みがひどくて、高齢の両親には世話しきれそうもない」と判断して依頼しました。これでマリーキュリーナースが週に三晩は付き添ってくれるようになり、看病する両親も、その日は眠れるようになったのです。

マリーキュリーナースになるには、看護資格のある人は、仕事に就きながら週一回ずつ三か月間、緩和ケアについて学びます。看護資格のない一般の人は、看取り経験があることが条件で、二〜三日の研修(基礎知識、状況の見極め方、ケアの仕方など)を受けて、ヘルスケア・アシスタントとして働きます。こうして、看護資格のある人、ない人合わせると、全英で約六〇〇〇人に上ります。幼い子どものいる主婦が夫が家にいて子どもを見てくれる夜間に働く、看護学生がアルバイトとして働く、退職後の仕事として働くなどのほか、職業を持っていて休日や夜間にマリーキュリーナースとして働く人も多いのです。

痛み止めの注射など医療処置が必要なときは、看護師のマリーキュリーナースならできます。でも看護師でない場合は医療処置ができないので、地域看護師あるいはマリーキュリーの看護師が訪問しておこないます。

＊＊＊

世界的に著名な造園家マギー・ケズウィック・ジェンクスさんは、乳がんになったとき「がんになったら、一人の人間ではなく、一患者になってしまい、自分の人生がなくなった」気がしました。そして「患者が自分を立て直し、再び自分の足で歩いていけるような安らげる空間とサポートが必要で、ぜひつくってほしい」と、自分の担当だった看護師のローラ・リーさん(現CEO。がん専門看護師)に実現を託したのです。マギーさん自身が庭の設計にかかわった、「マギーズがんケアリングセンター」第一号は、彼女の死後、二〇〇八年に完成しました。エディンバラの急性期病院の入り口にあった小さな石造りの建物が、有名な建築家による改装で居心地のいい空間に生まれ変わったのです。

「マギーズがんケアリングセンター」は、本人が病気に向かっていける力を取り戻すために必要な、でも、病院では提供できない部分を補完するような、心理・社会面の支援の場です。がん専門看護師がリーダーとなり、臨床心理士、管理栄養士、運動療法士、そしてボランティアにより無料でおこなっています。世界的に有名な建築家が設計した、居心地のよい安らげる建築や庭も特徴です。がんにかかわる患者、家族・友人、医療者など、だれでもふらっと立ち寄っていいのです。そこで静かに過ごしたり、セラピストに相談したり、プログラムに参加するなどして、自分で病気や治療に向き合っていく力を取り戻します。

どんな支援が本当に患者の力になるのか、相談支援のプロセスやノウハウ、患者のサポートになるセラピープログラム、患者によるピアグループサポートなどの研究開発を続け、NHSにも協力してきました。近年は、がんセンターや急性期病院がマギーズがんケアリングセンターを誘致して患者相談窓口を代行するという趣旨で、地方自治体からの資金援助もなされています。

こうして、二〇一四年までに英国各地に一五か所できて、八か所が建設計画中です。海外では香港に完成し、スペイン、カタール、オーストラリアなどで計画が進んでいます。デンマークやスイスでは、マギーズがんケアリングセンターのような精神や雰囲気や対応を取り入れる活動が始まっています。

日本とのつながりも深く、日本各地の「活動を知りたい、参考にしたい」と願う病院や医療関係者との交流が続いています。ウェールズのセンターは、日本人建築家、黒川紀章さんの設計です。マギーズにアイディアを得て、東京の新宿で、訪問看護師の秋山正子さんが「暮らしの保健室」を二〇一一年から始めました(一六九ページ)。

＊＊＊

長年の活動実績を持つ英国のホスピスや緩和ケアの専門家は、さまざまな知恵を蓄えています。これからの納得の老後のために、役立ちそうな例を少しご紹介します。

●厳しい病状・現実について本人と話し合う知恵

むずかしい病状告知や厳しい事実(バッドニュース)を伝えたり、最期の日々をどこでどんなふうに過ごしたいか、など、なかなか話しづらいことを話し合うための知恵を、ロンドンのロイヤルフリー病院の緩和ケア専門看護師キャサリン・ケラーさんと、セントジョゼフ・ホスピスの教育担当デービス・カニングさんのお話からまとめてみました。

「話し合う相手の様子や心理状態にかまわず、早口で話を進めたり、いきなり、『残念ですが、あなたは病気です』などと話しては、相手の耳に入りません。

　患者さん一人でなく、支えになる家族・友人となるべくいっしょにいてもらいます。患者さんがショックで話し合いの内容を覚えていなくても、その人たちが覚えていて、あとで確かめ合えますから。

　相手に敬意を持って、私がこの患者さんだったらどう感じるかと考えながら、少しずつ話をすすめます。ゆっくり落ち着いた声で、発音は明瞭に話します。話を時々ストップして、相手の気持ちを聴いたり、落ち着く時間をとるのも大事です。
　①まず患者さんが病気について、『いま何を知っていますか』を、②次に『何を知りたいですか』をたずねていきます。③〝今後の見通し〟のサインを少しずついれて、話をすすめます。④大事なのは〝事実と希望のバランス〟、でも〝嘘の希望〟は禁物です。⑤〝その患者さんが実現できる目標〟を、いっしょに、設定します。⑥言葉は複雑やあいまいにせず、〝簡潔なメッセージ〟で伝えます」
　相手の心理状態に配慮し、本人が受け止めて対処していけるよう話し合う際のヒントになりそうです。

● 事前指示書の話をするタイミング

治療やケアに際して自分の希望を、「治療やケアについての事前指示書」として書いておき、かかわる人たち（家族、地域看護師、家庭医、緩和ケアチーム、病院など）みんなで共有することは、希望が尊重されるために大切です。でも話しづらいのも現実です。

地域保健センターで緩和ケアを担当する地域看護師のケミさんに聞きました。

「話をするタイミングは、本人が教えてくれます。患者さんがはっきりと言葉にすることもあります。『リビングウィルや事前指示書を遺したい』と言えばもちろん、『家で死にたい』とか『人工的生命維持はしないで』とか『病院には行きたくない』などと話し出したら、それも話し合うタイミングです。あるいは、患者さんが言葉に出して言わなくても、『話したがっている』と感じたり、何か察することがあったり……そのときが聴くべきタイミングです。患者さんの想いを敏感に察知するアンテナが必要ですね」

● ケアの質の向上のために仲間のピアレビュー

「自分のところのケアの質さえよくなればいい、ではなく、地域内の全部がよくならなければ！　そのためには私たちは何ができるだろう？」という発想で、お互いのベストプラクティス（よい活動）を学び、取り入れ、いかし、改善点はアドバイスしあう。このような向上のための活動がピアレビュー（仲間による監査評価、質の向上の手法の一つ）で、さまざまな分野でおこなわれています。

左端がリズ・バーカーさん、仲間のマリーキュリーナースたちと

英国中部のヨークシャー地方にある一一のホスピスは共同で、お互いに訪問しあってケアの質、サービスの質の向上のために監査する、ヨークシャー・ホスピス・ピアレビューを一九九六年から進めてきました。リーダー役のリズ・バーカーさんは、「ほかの人から見ると、すばらしい活動をしているのに、本人たちは気づいていないということは、よくあります。それを仲間同士で見つけて、伝え、学びあうのです」とのこと。

「同じ地域内・業種の仲間なので、地元の事情や特徴、制約などもよくわかったうえでアドバイスができ、実践に取り入れやすいのです。外から押しつけられたのでは、効果的な質の向上はできないのでは？　お互いに役立ちあう相互作用で、地域全体がよくなっていけるのです」。リズさんの言葉は、ピアレビューの本質を言い当てています。

ピアレビューに参加するとケアの質が上がり、国の基準よりよいことをアピールできるのがメリットということで、域内、そしてほかの地域へと広まっていきました。さらに政府とＮＨＳでは、がん医療や終末期ケアにも、ピアレビューの導入をすすめ、ケアの質を上げるよう方向づけているそうです。

ケアホームの向上

高齢者の住居施設を総称して英国ではケアホームと呼びますが、英国には珍しく、ＮＨＳでもチャリティ団体でもなく、民間企業の運営です。英国内に約二万か所。病床数は公立病院の三倍にのぼり、英国内で亡くなる人の一六％は、ここで最期を迎えます（二〇一二年）。

セントクリストファー・ホスピスの地域看護師のリーダー、ナイジェル・ドッズさんは、二〇一二年の来日講演の際に、イギリスの医療が抱える課題として、①「死を迎える場所」の選択肢が少ない、②「ケアホーム」での不十分な終末期ケア、③「認知症」の終末期ケア、を挙げています。そして英国のケアホームについては「一般的にスタッフのトレーニングが十分ではなく、とくに終末期のケアについては、きちんとした研修がおこなわれていません」と指摘しました。

すばらしいケアホームがある一方で、「火事が発生したら延焼防止のために、防火壁を閉めて閉じ込めるところもある」と噂《うわさ》されるなど、ケアホームに入ることは少し寂しいイメージがあるようです。

こういう事情から英国政府も、ケアホームの改善に取り組み始めました。それが「マイ・ホーム・ライフ・プログラム」で、この名前からも「ケアホームが本当のマイホームになるように！」という願いが伝わるようです。

この「マイ・ホーム・ライフ・プログラム」は二〇〇五年に小さなプロジェクトから始まり、その後、民間のケアホーム協会の資金援助を得て、二〇〇八〜〇九年の二年計画の全国プロジェクトとなりました。メンバーは、政府、当事者であるケアホーム業界、利用者である高齢者の団体、そして大学です。

マイ・ホーム・ライフ・プログラムのメイヤーさん

ここでエグゼクティブ・ディレクターを務めるのは、ジュリー・メイヤーさん。彼女の本職は、シティ大学ロンドンの老年看護学の教授です。メイヤーさんは老年看護を長年研究し、ケアホームでの高齢者の尊厳の問題や地域での高齢者の孤独が気になっていました。ケアホームは入居者が高齢化して医療ニーズが高まっており、ケアスタッフの教育研修も課題でした。

「現場が使える研究がしたい。これまでの経験から学び、変化を起こしたい」と念願していたところに、この仕事の話が来たので、すぐ引き受けたそうです。「マイ・ホーム・ライフ・プログラム」の事務局を大学に置き、週二日(半日ずつ四回)を、この活動にあてています。

まず、各地のケアホームの代表を招き、「ケアホームでのQOLの向上には何が必要か」の話し合いから始めました。そこで出たさまざまな意見を尊重しつつ、活動を進めたのです。

ケアホームの施設長や法人トップの多くは、高齢者ケアの専門家ではありません。各ケアホームは単独で運営され、仲間意識はなく、お互いが競争相手で連携が取りづらい状況でした。そこで、〝競争ではなく協力して改善しよう〟という意識変化を起こすことを目標にしました。その延長で、ケアホーム全体のイメージアップを狙ったのです。

メイヤーさんは、「ケアの向上がうまくいく土台は、人と人をつなぐケア（Relationship-centred care）であり、ケアホームに出入りするすべての人——入居者、働く人、管理者、家族や見舞客、視察者まで——がかかわる必要があります。そして、成功するには、次の要因が大事だということがわかってきました」と言います。

①社会福祉と保健の協働：従来は別々に動いていた、社会福祉と保健分野の人々がいっしょに協力して動く。

②関係者すべてがかかわる：ケアホームにかかわる「すべての人と人のかかわり」の中でケアの向上は実現する。

③目標は〝全員のQOLの向上〟：入居者のケアの向上に焦点を当てるだけでは、うまくいかない。ケアホームに出入りする「全員のQOL向上」を目標に置き、「人と人をつなぐケア」に焦点を当てる。

④〝成功した実例〟に着目：問題点に着目して指摘や批判をするよりも、「ケアホーム入居者は、何を望んでいるか」、「どうしたらうまくいったか」と〝成功した実例〟を集めて共有する。

こうして各地のケアホームの活動を報告書で紹介することになりました。でも、普通の報告書では本棚に直行してしまい、現場には届きません。工夫した末に、できあがった報告書 *My Home Life: Quality of Care in Care Homes* は、表紙にも本文中にも高齢者の大きな顔写真がいくつも載っていて、「これはなんだろう」と、手に取ってみたくなります。

中身は、高齢者が主人公の物語仕立て。その人の人生をとおして現実的な問題が胸に迫ってきて「この人のケアは、どうしたらいいだろう」と自然に考えていくような編集がされています。たとえば、あるケアホームに住む、七〇代の認知症の男性Gさんの物語です。

認知症の男性Gさんは、いつもケアホームの壁紙をはがすので、問題になりました。「薬で行動を抑えよう」という方法もありました。でもその前に、彼の生活歴を家族に聞いてみると、若いころはペンキ職人だったとわかりました。本人は、ペンキを塗る前の準備として壁紙をはがす作業をしているつもりだったのです。

そこで、ペンキの刷毛を渡したところ、壁紙をはがす行動はなくなり、壁にペンキを塗るような動作になりました。これなら問題ないし、本人も満足そうです。

そのうえ、このプロセスを通して、ケアホームのスタッフとGさんのご家族がよく知りあうことができました。これがまさに「人と人をつなぐケア」が成功した事例なのです。

（訳　谷田悟、村上紀美子）

このような物語と、ケアの改善に成功した要因を紹介した「報告書」は、英国全部の約二万のケアホームに送られました。さらに大切なことは、改善への変化が始まったら、その変化を継続・維持することです。そのためのサポートとして次のような工夫をしました。

1「マイ・ホーム・ライフ・プログラム」に取り組むことを政府の「ケアホームの定期監査」の項目に入れる。
2ケアホームに自己監査を求める。
3ホームページやニュースレターやDVDで、よい実例の情報提供を続ける。
4全国に「マイ・ホーム・ライフ・グループ」を組織し、チャンピオンを表彰する。

メイヤーさんは「でも二年間じゃ無理、一〇年はかかるわ」とこぼしつつも、「大学とケアホーム団体と高齢者団体が協力したことが、成功を導いた」と強調します。さらに「ケアホームのトップやオーナーには、よいケアとは何かを、いつも話しています。最近、あるケアホームでは、よいケアとは何かがわかる看護職のリーダーの採用を決めました。スタッフの教育に力を入れるところも出てきています」と、ケアホームをたくさん展開する企業のトップから相談が来るようになったことに、確かな変化の手ごたえを感じています。

そして約束の二年間が終了した後も、無事に寄付や自治体の助成が得られて活動はますます発展しています。ケアホームの職員教育のためのニュースレターやＤＶＤでの発信、管理者向けの小グループ討議を主にした体験学習プログラム、一般の人への理解促進のために全国をまわるキャンペーン。

そして、ケアホームの利用者、家族、そしてスタッフ全体を包含したＱＯＬをみるための指標を開発する共同研究に、ヨーロッパ七か国で取り組んでいます。

現場と教育の協働

メイヤーさんはシティ大学ロンドンの老年看護学教授であり、かつ、週二日は「マイ・ホーム・ライフ・プログラム」の実質的なトップとしての仕事をしています。「マイ・ホーム・ライフ・プログラム」の活動は、大学での教育にも大いに役立っているそうです。

この働き方を聞いたときは、不思議な感じもしましたが、この大学の教員の間ではこのような教育と実践が半々という仕事の仕方は、珍しくありません。実践を理論と同じ重さで重視し、教員に、理論と実践両方の力が継続的に求められています。学生の教育の時間は、臨床の実践と大学での講義が五〇％ずつで、まさに「理論や研究は、実践に活用されるべき、そして実践からの学びを反映する」現場と教育の協働です。

シティ大学ロンドンは、公衆衛生関係の多くの職種の教育を網羅する伝統校ですが、保健科、特に地域ケアとプライマリケアが専門のロス・ブライア教授は、「教育内容は、養成する職種の仕事の目的と関連します。ケアの対象となる人々の暮らしや健康問題は、社会背景や人口動態の変化によって変わってくるのです。その変化の中で、利用者が必要とすることも変化するため、それにともなって教育も変えていかないと、社会の変化に貢献できません」と強調しました。

英国では、地域ケアを支えてきた団塊世代が退職の時期を迎え、二〇一五年ころからは人材不足に陥ることが懸念されています。その対策として早くから地域・公衆衛生各職種の教育を強化し、学生を毎年数百人規模で増やしていました。

教育内容が、実践のニーズを反映することは当然であり、いかに大事かと、改めて思います。地域看護師は女王のバックアップを得て人々の健康のために活躍してきた一五〇年以上の歴史から、クイーンズナースとも呼ばれます。時代と社会の変化のなかで、ニーズに対応して仕事も教育も変えながら人々の健康を守ってきた実績と、つねに変化を恐れない勇気が、人々に信頼されてきたのです。

第5章
近未来の柔軟な在宅ケアを探して
—日　本—

鍵発見器。鍵や財布に受診器(左)をつけておけば、なくしたとき、親機(右)のボタンを押すと大きな音で知らせてくれる

日本

人口1億2734万(2013年)、高齢化率25.5%(2013年)

私たちが住んでいる日本は、平均寿命が世界一長く、今は長生きするだけでなく、さらに健康長寿をめざしているところです。公的医療保険と公的介護保険で医療・介護がおこなわれ、在宅ケアのメニューの種類は大変多く細分化され、かつ年々ふえています。

医療保険の在宅医療は、「訪問診療(定期的に訪問)」、「往診(患者の求めに応じて訪問)」、「訪問看護」の3種類です。そのほかに、薬や検査や特別な医療の費用、訪問のための交通費、包帯やガーゼなどの材料費がかかります。

介護保険の事業は、20種類50以上もあります(2014年)。このうち在宅で利用できるサービスだけでも、訪問看護、訪問介護、訪問入浴介護、デイサービス、ショートステイ、小規模多機能型居宅介護など10種類を超えます。この中から適切なサービスを探しだし、ケアプラン作成などをおこなうケアマネジャーという職種は日本独特です。利用者と相談しながら、訪問時におこなうケアの内容や、食事づくり、掃除、入浴……時間や回数などを決め、その通りになされます。

高齢者介護ボランティアのすそ野を広げる「認知症サポーター」の受講者は、400万人を超えました(2014年)。

ドイツ、オランダ、デンマーク、英国とヨーロッパ四か国の在宅ケアの現場取材を重ね、また、二〇一一年にドイツから日本に戻ってきました。三年ぶりの日本は、以前はタブー視されていた「死についての話題」がテレビや雑誌で自然に語られているなど大きな変化を感じました。さらに、日本各地を取材するなかで、ヨーロッパの国々で心惹かれた「利用者の希望にそう、柔軟な在宅ケア」に出会いました。その実例をいくつか紹介し、近未来にいかせる知恵を探したいと思います。

支えられる人から支えあう人へ――那須塩原市の「街中サロンなじみ庵」

ちょっとした困りごとを相談できる場や、気軽に行ける場があると、落ち着いた暮らしを続けるための助けになります。そのような役割を果たす場が、民間の手作りボランティアの

なじみ庵の前で飯島恵子さん
（提供：神保康子）

「カフェ」や「サロン」という名前で各地に広がっています。

その一つ、街の中の食堂と自由な集い場「街中サロンなじみ庵」が、栃木県の那須塩原市にあります。ここは高齢だろうと認知症があろうと、主婦や子どもだろうと、誰でも安心して気軽に立ち寄れる場所です。月曜から金曜の九～一七時、祝日も開いています。

なじみ庵を開設したのは、飯島恵子さんです。飯島さんは一九九六年に「ゆいの里（今はNPO法人）」を設立して「地域の居場所」を手づくりしてきました。

活動のネーミングに、いつも思いをこめています。ゆいの里の合言葉は、栃木弁の「ほっとすっぺ！」。それをもじったデイホーム「ホットスペースゆい」は一九九八年に一八坪の民家で開設しました。高齢者に限らず、不登校の中学生や身体の不自由な人など、いろんな人が集い、お互いにできることをしながら、ともに時間を過ごす居場所でした。

二〇〇〇年に介護保険が始まると定員六人の通所介護事業所となり、その後、いまの二階建て五〇坪のふつうの住宅に移転して、定員一〇人の小規模通所介護「ゆいの里」に。ここで街の中のふつうの暮らしぶりをいかして、認知症があっても、その人の持っている力を引き出す自立支援介護をつづけています。

そして、デイホームでつちかった自立支援介護を街の中に持っていこうと、「街中サロンなじみ庵」を二〇〇五年に立ち上げたのです。「なじみ庵」の「なじみ」は認知症ケアに大切ななじみの関係からつけました。やっと探しあてた空き店舗を続きで二つ借りて、片方は食堂、もう片方はフリースペースと、つないで使っています。

飯島さんは「なじみ庵は平均年齢七八歳の会員と地域のボランティアが、おたがいさまで老いを支えていく、〝支えられる人から支えあう人へ〟を目標にしています」と語ります。会員とボランティアによる運営を支える常勤スタッフは、主任コーディネーターの堀内陽子さんです。そしてＮＰＯ法人ゆいの里のスタッフが、なじみ庵の活動を陰に日向に支えています。会員は、月額二五〇円の会費を払い、全員がボランティア保険に加入します。

役に立っているという実感

会員のみなさんは、「年をとると、きょういくときょうようが大事」と言います。教育、教養ではなく、「今日、行くところがある」のきょういくと、「今日、用事がある」のきょうよう、です。

「今日行くところ」が「なじみ庵」です。

「今日の用事」は？　たくさんあります。なじみ庵で人気の「おふくろの味日替わりランチ」の調理担当は、八〇代、七〇代の会員を中心に若いボランティアも協力して、毎日四〇食ほど出しています。車の送り迎えがないと来ることができない会員のために、六五歳から送迎車の運転をしている男性会員たちも、みな七〇代になりました。迎えの車でなじみ庵に着いた九〇代の会員たちが、朝からネギや芋の皮むきを手伝ったり、ここから押し車や杖をついて、買い物や用足しに出かけたりしています。ランチどきの配膳や下膳、食器洗いも声をかけあって、協力しながら自分たちで。

火曜日と金曜日の「転ばぬ先の知恵教室」、「物忘れ知らず教室」の参加者は、平均年齢八五歳で、要介護・要支援の会員もいっしょです。みんなでつくった、なじみ庵の歌、なじみ庵体操も八〇代、九〇代の会員がリードしています。

気にかけて見守ってくれる仲間がいる環境があり、そこで一人ひとりが自分のできることを自分のペースでおこなうことで、自助の力が高まるのです。こうして、みんなが「支えられる人から支えあう人」への確実な一歩を踏み出しています。

なじみ庵では自主グループ活動も盛んです。歌声喫茶、踊りを楽しむ会、折り紙の会、切り絵の会、ハーモニカの会など、いろいろな会ができています。人生の達人たちが、昔取った杵柄《きねづか》の「もったいない力」をいかして支えあうと、張りのある暮らしで元気で過ごせます。午後の時間は、健康麻雀が男性を中心に人気で、最高齢参加者は九八歳です。

「おふくろの味日替わりランチ」(提供：飯島惠子)

なじみ庵が休みの日や夜にも、この場所をいかして、「認知症の人と家族の会県北のつどい」をはじめ、いろいろなことがおこなわれています。

その一つ、「しもつかれいど・カフェ」は、「わくわく・樂・学～介護・福祉・医療・ソーシャルケアサービスの現場から学ぶ」をモットーに、多職種、多業種の人たちが気軽に集まります。「あったかいごカフェ」は、年末年始など、なじみ庵が休みの日に、あったかいご飯が食べられるカフェを、ゆいの里スタッフのボランティアで開いています。ネーミングは、あったかい＋介護＋カフェというわけです。

なじみ庵は「行きたい場所がある、会いたい人がいる」地域の居場所です。ここにやって来る高齢者は、仲間たちに支えられて自分の力を発揮しながら、「病気はあるけど病人にならずに」元気に過ごしています。このような場に出かけず、家に閉じこもり、孤独になると、かえって介護保険サービスをたくさん利用することにつながってしまいます。

こうした活動の土台を支えているのが、那須塩原市の「街中サロン事業補助金」です。これにより、高齢者が住み慣れた地域で自立した生活が営めるよう支援するため、高齢者の能力を活用し、地域住民との連携により運営する街中サロン事業に要する経費を補助します。建物の改修費(開設時のみ)と一団体年間七〇〇万円までのこの補助金によって、市内三か所のJR駅周辺で、街中サロンの活動が継続されています。これは、税金の賢い使い方で、先見の明があったと思います。

「地域包括ケアの時代には、自助、互助、共助、公助のバランスと協働が大切です。市民(高齢者)による自助と互助のサロンが、地域の中で老いをゆるやかに受けとめて、制度の隙間をつないでいます。このインフォーマルサービスと、介護保険や医療保険の共助、そして行政による公助の連携が、なじみ庵の課題です」と飯島さんは話していました。

高齢者の多い団地のよろず相談所――新宿区の「暮らしの保健室」

大規模な都営の高層団地の一階の商店街に、ちょっと風変わりな「暮らしの保健室」という小さな看板が見えます。秋山正子さんが、地元新宿の白十字訪問看護ステーション所長として、二〇年以上の実績やネットワークのもとに開いた、健康と暮らしの無料よろず相談所です。

いまは健康相談の窓口が、病院や市区町村保健センター、地域包括支援センターなどいろいろなところで開かれています。ところが、健康問題には経済的問題や家族の問題などが複雑に絡むことも多いため、どこでどう相談したらいいのかわからなくて、実際の相談につながらず困り果てている人も大勢います。

長年の訪問看護の経験からこのようなニーズに気づき、見過ごせなかった秋山さんは、答えを探して、英国のマギーズがんケアリングセンターやドイツのよろず相談所にも実際に行って参考にしながら、構想を練っていました。そんなときに、この団地の一階の書店だった空き店舗を使いませんかという提案があり、チャンスを逃さず、ここを借りて「保健室」をつくったのです。

この都営団地は、いまの高層建築になった一九六〇～七〇年代に入居した住人が徐々に高齢化して、六五歳以上の高齢者比率が四六％(二〇一三年)となりました。あとの半分は若年世代といっても六〇代前半や五〇代くらいの人が多く、近未来の日本の姿がここにあります。

「暮らしの保健室」は、看護師が常駐して健康面を担い、日々の運営は白十字訪問ボランティアの会が主体です。白十字訪問看護ステーションのスタッフが何かと助けに入ります。オープンは二〇一一年の夏でした。その前年は厳しい猛暑で高齢者の脱水による熱中症での救急搬送が増えていました。その予防のために水分補給を呼びかける「水プロジェクト」を、近くの高機能病院と暮らしの保健室の共同事業で進めることから、活動が始まりました。

「保健室」の入り口を入ると、ふつうの住宅のように玄関に帽子かけとスリッパ立てがあり、キッチンがあり、大きなテーブルがあり、畳のコーナーもあり、と家庭的なくつろげる雰囲気です。都営団地の住人らしき高齢者がやってきては、テーブルに座ってお茶を飲みながら、よもやま話をし、身体の不調を訴えたり、暮らしの困りごとをゆったりしゃべっていきます。困りごとをどうしたらいいか、本人が納得するまで、親身に聞いて粘り強く相談にのっているボランティアやナースも、シニア世代が多いのです。

いろいろな人が、ここを訪れます。「暮らしの保健室の利用者は、健康不安を感じやすい、ひとり暮らしの方が多いですね」と秋山さん。

一人で家にこもっていると、健康不安は雪だるま式に膨らんでいくばかりです。その結果、客観的に見れば少しのことでも本人にとっては一大事で、救急車を呼んでしまうこともあるのです。

それが、「暮らしの保健室」に来れば、温かい雰囲気の中でちょっと一息ついて、看護師と「病院に行ったほうが、いいかな」などと気軽に相談できます。看護師は、話をよく聞いて、本人が問題を整理して自分で体調を判断して行動できるように、サポートします。本人がどうしたらよいかがつかめたところで、「じゃあ、やってみます」と本人は帰っていき、しばらくして、ふらりとやってきたときに「やってみたけどダメだよ」とか、「うまく行ったよ、ありがとう」など、遠慮なしに率直な反応があり、また次の相談につながっていくのです。

あるいは、ここでお茶を飲みながらボランティアの人たちとゆっくり話をしているだけで少し元気を取り戻して、ひとり暮らしの日々を続けていける人もいます。「ここへ来ると気が晴れる」とよく顔を出す人。団地住まいが長いのに、近所づきあいがあまりない人。高齢になって都営住宅に引っ越してきて孤独な人。いろいろな人がここで知り合いができて、地域社会とつながっていきます。

経済的な困難さを抱えていることがわかると、行政のサポートを紹介したり、窓口にいっしょに行って手続きを手伝うこともありました。

また、ここで話していると、それぞれがいろんな特技を持っていることがわかって、無理のない範囲でボランティアで指導役をしてくれる人が出てきて、活動のメニューが増えてきました。整膚《せいふ》術の技術を持つ人が来る日は、施術がとても人気です。手芸上手な人がよく来る日は、手芸をするようになり、できた作品は「暮らしの保健室」で販売しています。栄養士の人が腕を振るう料理の日は、試食が楽しみです。近くに大学病院や高機能病院がいくつもあるので「専門医によるミニ講座」も開かれました。緩和ケアの医師が、がんをテーマに四回シリーズで話したのです。

これらが、暮らしの保健室流〝自分の力に気づき、自分の足で歩いていけるようになるためのサポート〟です。超高齢化を乗り切っていくための介護の予防、医療が必要以上にならないための病気の悪化防止になっています。

相談は無料でなければ、というのが秋山さんの方針なので、運営の費用が心配ですが、行政の補助事業や研究事業を受託することで運営の基盤をすこし補っています。

さらに、「暮らしの保健室でよければ、どうぞ使って」という秋山所長の方針で、いろんな集まりにも使われます。

NPO法人ホスピスケア研究会の季羽倭文子さんたちによる「がんを知って歩む会」も四回にわたって開かれ、丁寧なファシリテーターのサポートで、患者や家族が集い、語り合いました。英国のマギーズがんケアリングセンターの関係者やデンマークのいつみラワーセンさんが来日したタイミングに、お茶会スタイルで交流もしました。地域の包括的連携のための「暮らしの保健室勉強会」は毎月盛況でずっと続いています。

ここを足場に、いろんな組織や職種の人たちがつながり、迷いやつまずきも出し合い、知恵を交換して「またやっていこう」となるのです。いずれもボランティアでの活動で、同じ志の仲間たちと自由で思い通りにできるのが、何よりいいのです。

このような活動を聞きつけて、見学者がとても増えています。全国各地でこのようなサポートが必要とされており、行政関係者、研究者、ジャーナリスト、そして「私も地元でつくりたい」と言う人たちが訪ねてきています。ここで〝空間の力とサポートの姿〟を体験したら、地元でどう実現するかは、それぞれの知恵と工夫をいかして、高山市、幸手市、北海道夕張市、常陸大宮市、名古屋市、陸前高田市、小松市などに、街の保健室が、ユニークな名前でタンポポの綿毛のように広がっています。

そしてさらに……これから何が起きていくのでしょう。いろんな人がここで出会い、話し合い、確認したり、慰められたり励まされたり、つながっています。

希望を支える柔軟なケア――長浜市の「訪問看護ステーションれもん」

日々の暮らしにサポートが必要になったら、介護保険サービスが頼りになります。サービスを利用するときは、ケアプランでサービスの内容を詳しく決め、そのとおりにしていくのですが、実際の暮らしは、流動的です。たとえば、「来客や外出の予定があるのでそれを手伝ってほしい」、「今日は具合が悪くてケアがたくさん必要」など……そんな利用者のニーズに対応するには、ケアプランと兼ね合いをとりながら柔軟に工夫することが必要になります。

利用者本人が暮らしのなかでしたいことを引き出し、その希望を実現する方向で柔軟なケアをおこなっているのが、滋賀県長浜市の訪問看護ステーションれもんです。

滋賀県内に訪問看護ステーションは約七〇か所ありますが、県南部から中部に集まっています。そのため県の北部には少ないことが気にかかっていた久木ひろ美さんは、長浜市湖北にある源内クリニックの隣に、訪問看護ステーションれもんを二〇一一年に開設しました。

ここをベースに米原市にもサテライトステーションを置いて、病院で師長をしていた二人を含め訪問看護師八人が、約七〇人の利用者の暮らしとケアを支えています。

久木さんはそれまでに県東部の豊郷病院で長年、副看護部長兼訪問看護ステーションレインボウ(三か所)の統括所長として、柔軟なケアの実績を重ねてきました。

訪問看護ステーションれもんのサービスは、最初から柔軟です。訪問看護に依頼が来るのは、何か看護の問題で困っているから。だからまず利用者のところに行きます。実際の状況を見て、何に困っているのか、何が必要なのかを見極めて、それから主治医に相談します。

訪問依頼がきているのに「医師の指示書がないから行けません」などと言っていると、間に

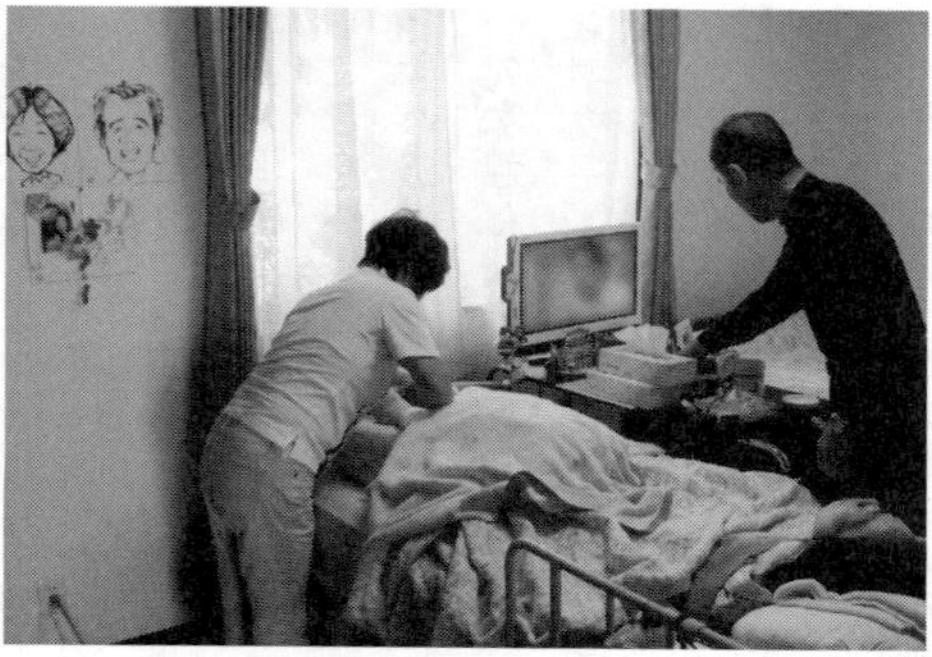

利用者さんのお宅で。久木ひろ美さん（左）

合わないこともあるのです。医師と訪問看護師の信頼ができているからこそできる、柔軟な連携プレーです。

訪問看護の依頼が来れば、高齢でも精神障害でも身体障害でも難病でも、利用者を引き受けます。〝その利用者さんの抱えている課題を、どうしたら解決できるか〟に焦点を当てて、〝ご本人が暮らしの中でしたいことは何か〟の希望を引き出すのです。その希望を実現する道筋を組み立てて柔軟に対処することで、利用者は活きいきとし、また病気をもちながらも何か目標があると、暮らしに張りが生まれます。

晩秋のある日、久木さんの訪問に同行することができました。琵琶湖ぞいになだらかに重なる山中に点在する利用者さんのお宅へ、訪問車は走ります。

難病で全介助の日々　Hさんと夫

広くてきれいなバリアフリーのＨさん宅。家の前には畑があり、夫が朝夕世話をしている野菜が元気よく並んでいます。隣に長男一家が住んでいます。

Ｈさんは難病が徐々に進行し、今はほぼ全介助の状態です。夫が勤めの傍らＨさんを朝夕看病し、日中は二つの訪問看護ステーションが連携して、月曜から土曜まで毎日訪問しています。筆者が同行した日は、午後に訪問入浴サービスがあるので、午前中に訪問看護が入り、手際よく全身のバイタルチェックと処置などをしていました。

ケアの間、Ｈさんやご主人との世間話がはずみます。これが大事なのです。リラックスした世間話から、利用者の本音がわかり、楽しいこと、困っていること、それをどう解決できるかの方策が浮かんできます。

この日は、Ｈさんが胃ろうの交換で半年ぶりに病院に出かけた話になりました。久木さんは「久しぶりの外出で、道中つらくなかった？」とたずね、自動車での移動も大丈夫だったと知ると、「少しずつ起きないとね」と励まし、「どこに出かけようか」と行けそうなところを、Ｈさんや夫と相談しています。

実は、訪問看護を始めたころ、Ｈさんはじょくそうができていました。久木さんは「寝たきりになれば、じょくそうができていく条件はそろってしまう。本人がもっと起きたい気持ちになるようにしなければ」というのが持論です。「Hさんに、こんなにきれいな湖北の景色や桜を見せてあげようよ」とスタッフや夫に話し、本人に「そうでしょ」と聞いたら「うん」とうなずいたのを確かめて、訪問リハビリも導入しました。こうした〝本人が起きたくなるかかわり〟の甲斐あって、Hさんはときどき外出するようになっているのです。

脳梗塞のIさんのカラオケ

訪問看護の中で、本人がしたいことで手の届きそうな目標を暮らしの中で探し、それを尊重して「なんとかできる方向をみつけよう」とすると、柔軟なケアが広がります。

たとえば、Iさんは脳梗塞の後遺症で、言葉が不自由になっているため、意思がはっきり伝わらず、いらいらして感情の起伏が激しくなっていました。また、足を引きずり、歩行がとても不安定なので、外出には電動車いすを利用して、週一回デイサービスも利用していました。

そんなIさんに、生活リハビリなどのために訪問看護が入りました。でも「運動しましょう」、「歩きましょう」と呼びかけるだけでは、本人の気持ちが動きません。

そこで訪問看護師が一計を案じ「何かしたいことありますか」と聞いたら、第一希望は

「焼肉屋に食べに行きたい！」、第二希望は「カラオケで思いきり歌ってみたい」という答えでした。結局、第一希望の焼き肉屋は行けませんでしたが、第二希望であったカラオケで思い切り歌う、は実現しました。

この日のためにIさんはテレビに接続できるカラオケセットを用意し、Iさんの自宅でお弁当を食べながらカラオケ大会をすることになりました。

Iさんの妻も誘いましたが、「私はデイサービスの日なので、家で看護師さんと楽しくやって！」とデイサービスに出かけました。家族それぞれが、自分は自分と自立していることも、大切なのです。

いよいよ当日、いつもどおり担当看護師が訪問して、薬の管理、バイタルチェック、日常生活の困りごとなどを確めながら看護していきます。そのあと、前から「いっしょにカラオケ行きたいね」と話し合っていた久木さんがボランティアで合流し、三人でカラオケ大会です。

Iさんは、持ち前の腕前でカラオケ達成度の点数が九〇点を超えました。スローだけれど確実にリズムが取れていました。呼吸運動の促進です。Iさんは脳梗塞の後遺症で、やや言語障害もありましたが、この高得点は、カラオケが成せる効果です。

久木さんは、七〇点しか出ません。「あんたは、もっとゆっくり丁寧に歌わんとあかんがな」とアドバイスをしてくれたIさん。三人で大笑いです。久木さんはこの企画をして本当によかったと思いました。

あとで「あんなうれしそうな顔したIさん、初めてみました！」とは訪問看護に入って間もない担当看護師の言葉です。かかわった看護師にとっても、訪問看護で得られた貴重な体験になりました。「こういうことがＱＯＬの向上ではないでしょうか？」と久木さんは思っています。

この後、Iさん夫婦は五月の連休に、娘さんに一泊旅行に連れていってもらったとの、お土産話がありました。長い介護の年月、家族の間でいろいろあったようなのですが、訪問看護がかかわることは、家族のつながりに一役買うことにもなったようです。

＊＊＊

本人の希望を叶えるようサポートするのが、訪問看護の意味でもあります。でもときには、利用者と訪問スタッフの間でむずかしい事態も起きます。

たとえば、夜中に不安で何度も電話をかけてくる利用者に、どう対処するか？

日本の訪問看護ステーションは、利用者の夜間の電話も、スタッフが当番で受けるところが多いのです。「電話がかかったら何度でも訪問しなければならない」という考え方もあるでしょう。でも久木さんは、そういう場合は「現実問題として、スタッフは少ないし、夜中の訪問はそんなにできません。利用者さんご本人が自立して対処できるようになれば、それがベストですし。私はスタッフを守らなければなりませんし。淡々と看護させていただきますが、それでよければ」と最初に伝えるようにしています。できることはする、できないことはしない。そういう距離感も大事にしています。

そしていったん引き受けたら、「この利用者さんは、なぜこんなに夜中に電話したくなるのだろう、何を困っているのだろう」と本人といっしょに理由を掘り下げて、どうしたら安心できるのか、利用者の暮らしのＱＯＬをよりよくできるのか、と解決策をいろいろ試していくのです。

かかりつけ医の仕事――長崎市の白髭医院とDr.ネット

ヨーロッパの「家庭医」にあたるのは、日本では地域の開業医「かかりつけ医」。在宅ケアの重要な役割で、注目が集まっています。

そのひとり、長崎市の白髭豊《しらひげゆたか》医師も、在宅訪問診療に力を入れてきました。そして友人の医師たちと「長崎在宅Dr.ネット」を立ち上げ、これは全国に波及しています。白髭さんは、長年にわたって在宅患者の看取りに携わってきた父上の「反省なき臨床経験は不確実であり、不確実な経験の積み重ねは危険である」を座右の銘にして、がん患者が希望すれば自宅での看取りができるように取り組んでいます。

白髭豊医師

長崎名物の市電を降りて、高層マンションを抜け、シーボルト通り商店街がとぎれた静かな住宅街に、白髭内科医院がありました。通りから見える大きなポスターは「がんの相談できるんだ!!」「がんのこと　相談してよかった!」と呼びかけ、そして、待合室のポスターは「国民の半分が、がんになる国。」と現実をクールに伝えています。

この日は、年末年始の休み明けのため、待合室では大勢の患者さんや付き添いの方がお昼近くなっても、ゆったりと待っています。スタッフは超特急でテキパキと動いていました。

ようやく午前の患者を診終わり、白髭さんはランチもそこそこに、午後の在宅訪問診療に出発しました。在宅訪問診療の患者は約六〇人で、病状によって週一〜二回から月に一〜二回程度の訪問計画を組んでいます。今日は白髭さんと看護師の二人で訪問です。

最初のお宅は、がんの患者さん。一度入院されましたが、退院のときに、元のかかりつけ医から「通院するには医院が遠い」というので近くの白髭医院に紹介されて、その後は主治医になりました。つらい症状がなかなか消えず、治療を微妙に調整中です。布団を敷いた部屋の大きな窓からは、いつも見てきた長崎の山並みが望めます。また丹精してきたお庭が見え、ぎっしり蕾をつけた椿が開くのを楽しみにしています。

次に訪ねたのは、有料老人ホームです。ここに住む二四人のうち七人が、白髭内科医院の在宅訪問診療を利用しています。ホームの玄関脇の診察室で、内科や整形外科の症状、そして認知症……入居者の状況を細やかに把握している看護師の施設長さんとの協働で、一人ずつ丁寧に、かつ手際よく診察していきます。

部屋にこもりがちという方に、白髭さんは明るく話しかけます。前回の診察で痛みがあるというので整形外科の受診を勧めた方は、整形では問題がなかったので、関節リウマチの可能性を想定して治療方針を変更しました。「最近転んだ」と車いすであらわれた方には、「また歩けるように頑張りましょうね」と励まします。さらには遺言状の相談まであり、これには法律的な問題までかなり熟考の末に返事をしていました。

本人と家族の意思を尊重して賢明なアドバイスができるよう、白髭さんは知恵を絞ります。かかりつけ医の仕事は、医学的な対応を超えて〝暮らしと人生万般のよろず相談〟だということがよくわかります。

その日の最後の訪問は、坂道の上のお宅でした。日が暮れ始めた坂道を訪問車はのぼっていきます。坂道のてっぺんで車を降りると、こんどは徒歩で、また長い石段をどんどんのぼり続けます。坂の町、長崎の訪問診療は、体力勝負です。お宅に到着したとき、白髭さんと看護師は息も切らさず、難病の患者の診療を始めました。

医院に戻った白髭さんは、カルテの整理、メールでの連絡・相談・返信、それに週末の講演発表の準備で、夜が更《ふ》けていきました。

＊＊＊

日本の在宅訪問診療は、二四時間三六五日対応するということが、診療報酬を得るための条件ですが、これは肉体的・精神的に大きな負担となります。「これをひとりの医師で受け止めるのでは長続きできない。ほかの医師と協力するしかない」。こう痛感した白髭さんは、同じ考えの藤井卓医師とともに仲間に呼びかけて「長崎在宅Dr.ネット」を二〇〇三年に始めました。「普段は普通に外来診療をしていて、在宅訪問診療もする、普通の開業医」のネットワークです。

長崎在宅Dr.ネットの考えは「一〇〇か所の診療所が協力して、数名ずつの在宅患者さんを支えるシステムがあれば、地域全体を支えられる。病院・専門医・薬剤師・看護師・介護職とともに」が基本で、藤井さんが会長、白髭さんが事務局長を務めています。

活動を始めた当時は、どうしたらスムーズに自宅への退院ができるか、という課題がありました。患者や家族が自宅への退院を希望しているのに、在宅主治医がいなくて退院できない、という問題もあったのです。

そんなときには長崎在宅Dr.ネットに頼めば、患者の近くで往診もできる在宅主治医を紹介します。電子メールを活用して一日ですばやく。このとき、主治医のほかに副主治医もつけます。〝主治医〟が学会や旅行などで不在のときは〝副主治医〟が対応するので、医師も患者も安心です。

さらに、在宅での医療やケアの技術向上を学び合う多職種合同の勉強会を頻繁に開いてきました。これは在宅医療チームがスムーズに動くための〝知恵の蓄積〟と〝顔の見えるつながりの土台〟になります。また、初めて遭遇する症状や困難な例があれば、長崎在宅Dr.ネットのメーリングリストで相談すると、すぐにメンバーが知恵を寄せあうのも、専門家同士のピアサポートになっています。

二〇〇三年に一三人の開業医が始めた長崎在宅Dr.ネットは、一〇年後の二〇一四年には、連携医(主治医、副主治医)七六人、協力医四七人(緩和ケアなどの専門医)、病院・施設医師五三人の計一七六人の規模になりました。在宅Dr.ネットの仕組みは、運営しやすく効果的ということで、大村市、諫早市、佐賀市、熊本市、京都市左京区、浜松市、浦添市などにも広がっています。

必要なときに、適切な在宅ケアを

介護保険のたくさんあるサービスメニューの中から、ちょうどよいサービスを適切なタイミングで探して、間に合うように手続きをするのは、初心者には容易ではありません。このようなときの援助は、介護保険のケアマネジャーの役割の一つです。また、サービスを利用するうちにうまくいかないことがあれば、ケアマネジャーが相談に乗ってくれます。ケアマネジャーとは、保健医療福祉の資格者が試験に合格し研修を受けた専門家です。ケアマネジャーについて知りたいときは、地元の市区町村のホームページを見たり、窓口に電話で問い合わせるとわかります。

そして高齢者だけの家庭やひとり暮らしは、地域包括支援センターを探しておくとよいと思います。一度電話で連絡して、支援が必要な人について、暮らしぶりや今後困りそうなこと、家族や友人とのつきあいや連絡先などを伝えておくと、あとあと相談しやすくなります。都合のよいとき、一度会っておけばさらに安心です。

実際に在宅ケアが必要な状態になったときの、具体的な実例をとおして適切なサービス利用について見ていきましょう。最初は本人も家族も、とても戸惑いましたが、いまはそれなりに暮らしている二人です。

九〇代の日々　Jさんと近所に住む息子夫婦

美容師の仕事を長年続けてひとり暮らしのJさんは、九〇歳のころ、息子夫婦の住む都会の集合住宅に引っ越しました。息子夫婦がＪさんの家に通って世話をするようになりました。九八歳のころには足が弱って室内でも車いすを使い、認知症もあり、九九歳のいまは「要介護四」です。息子夫婦は元気とはいえもう七〇代なので、自分たちの仕事や楽しみも確保して、Ｊさんの世話も疲れすぎず続けられるよう、ケアマネジャーのアドバイスをもらって、なるべくいろいろな在宅ケアサービスを利用するようにしています。

Ｊさん、車いすで近くの公園でランチ

自宅に、訪問看護と訪問リハビリが週一回ずつ、訪問介護入浴サービスが週一回。医師の訪問診療は二週に一回。歯科医師も必要なときは来てくれます。そして、デイサービスとデイリハビリに週一回ずつ出かけます。このほかにＪさんは特養ホームのショートステイに毎月一週間ほど泊まりに行き、その間に、息子夫婦は孫の世話やボランティア活動や旅行もできるのです。

これらの費用ですが、介護保険の「要介護四」の限度額は、月に三〇万六〇〇〇円で、このうち本人が負担するのは一割なので三万六〇〇〇円以内です(二〇一四年、東京都)。この費用と、さらに生活費は、Jさんの年金などでまかなえています。そのほかに、髪のカットが必要なときの訪問美容は区独自の費用助成、毎日使うリハビリパンツ(紙おむつ)には社会福祉協議会の助成も利用できるので助かります。

こういうサービスを頼むことについて、息子夫婦は、最初は心配や抵抗感もあったそうです。

「ほんとは家族が世話すべきなのだろうか……」、「知らない人が家に入ってくるの?」、「知らない人ばかりのデイサービスやショートステイへ行くなんて、気兼ねでうまくやれそうもない」、「本人が行きたがらないのに、行ってもらうのは、後ろめたい」。

それで、まず、Jさんがスムーズに慣れてゆけるよう工夫しました。デイサービスは、元気なころからJさんが通っていた健康教室(区の事業)とおなじ建物だったので馴染みやすく、しかももともとは孫たちが通っていた学校があったところなので「学校」と呼んでいます。ショートステイは初めてのところだったので最初は家族がいっしょに行き、顔見知りができて慣れてくると「ホテル」と呼んで、ひとりで行けるようになりました。

そして息子の「行けば楽しそうだし、いいんじゃないか」のひとことで、妻の「本当は自分がしないといけないのでは」という後ろめたさが、吹き飛んだそうです。

家にいても、訪ねてくれる友人もだんだん減り、家族だけでの生活は変化も乏しくなりがちです。デイサービスやショートステイでの人との接触はとてもいい刺激となり、Jさんは家でも積極的に自分から行動するようになってきています。

サービスを利用することで、「Jさんの暮らし」と「息子夫婦の仕事と暮らし」のバランスが取れて、落ち着いた暮らしができてきています。「できれば自宅で最期まで看たい」、と話し合っているそうです。

八〇代の日々　Kさんと遠距離介護の息子

地方の町に住むKさんは、八〇歳のころに夫が急に亡くなって悲しみに暮れた日々の後、徐々にひとり暮らしのペースができてきました。近所の友人との日々の交流と、都会に住む六〇代の息子との交流(毎週の電話とたまに新幹線を使っての訪問)が楽しみです。

ひとり暮らしや高齢者だけの世帯は、自治体の地域包括支援センターが担当します。Kさん宅にも時々来ていましたが、Kさんは「このひとは誰?」と不審顔でした。息子が「市役所から来て、お母さんの相談に乗ってくれる人だよ」と説明し、Kさんもいっしょに地域包括支援センターを訪ねて自分の目で確かめ、「市役所の人なら大丈夫かな」とようやく受け入れました。息子はメールでケアマネジャーとKさんのことを相談できるようになって、大助かりです。

家族四人で住んでいた戸建住宅でのひとり暮らしは、八〇代半ばになると、二階への上り下り、戸締まりなどが負担になってきます。

Kさん宅につけた玄関の補助階段

Kさんは、ケアマネジャーの勧めで、介護保険の認定を受けたところ、「要支援一」になり、ホームヘルパーを週二回、一時間ずつ頼めるようになりました。

そのうち「財布が見つからない」、「家の鍵がない」、「預金通帳を盗られた」とKさんから息子に電話がかかるようになりました。「認知症が出てきたのか」と、息子はショックでしたが、ケアマネジャーから「鍵発見器」を教えてもらって、すぐに購入し、鍵と財布に取り付けました。これで、すぐ見つけられるようになりました(本章扉写真)。

　玄関の高い上がり框《かまち》に足が上がりにくくなったときは、介護保険の住宅改造で階段をつけ、Kさんは「これは便利」と喜びました。これもケアマネジャーの知恵です。

　炊事がむずかしくなってきたときは、宅配弁当にしました。平日は生協、週末はコンビニエンスストアに息子がインターネットで、歯が弱いKさんの食べやすそうな惣菜を選び、変化をつけて注文をしています。近所の人は買い物やゴミ出しなどを手伝い、民生委員も声をかけ、ひとり暮らしが成り立っていました。

　Kさんの楽しみは、近所の人や友だちとの電話や道端でのおしゃべりです。そのときに「高齢者が家の風呂で亡くなった」といううわさを聞いて、自宅での入浴が怖くなりました。ケアマネジャーに相談すると「デイサービスに行けば、入浴ができ、昼食も出ます。内気なKさんには、新しくできた小規模のところがよいのでは。泊まりもできますよ」と勧められ、週一回、通うことにしました。普通の住宅を改装したデイサービスで、朝は家に迎えの車が来て、夕方も送ってくれます。Kさんは「お風呂は家と同じだから安心して入れる。食事が結構おいしい、おやつも出る、こんなにしてもらっていいんだろうか」とほっとしました。

　年末年始は、ひとり暮らしには寂しい季節です。三〇日までホームヘルパーが来てくれて、お正月はデイサービスに数日泊まり、みんなとおせちを囲みました。

このころのサービスの費用負担は、Kさんは介護保険の「要支援一」なので限度額は一か月四万九七〇〇円、本人負担はそのうちの一割なので月額四九七〇円以内です。その範囲内でホームヘルパーとデイサービスを利用していました(二〇一三年)。

九〇歳近くなった厳寒のある日、転機が来ました。数日、体調を崩していたKさんは、訪ねてきたホームヘルパーに「救急車を呼んで」と頼んだのです。ホームヘルパーは息子に電話し、訪問看護師とも電話で相談して救急車を呼んで同乗して病院に行き、新幹線でかけつけた息子とバトンタッチしました。

Kさんはそのまま入院になり、さいわい身体は回復しました。ただ認知症はゆっくりと進み、退院後はひとり暮らしはむずかしそうな見通しでした。息子は自分の住む都会に呼んだほうがよいかと迷いましたが、友人の「親世代は馴染んだ土地で暮らしてもらって、子世代が通うほうが、お互いにストレスは少ないよ」という言葉で決心がつきました。

そして、Kさんの住んでいる市の介護情報ネットで、昼間通うデイサービス、自宅への訪問介護、夜間の泊まりを組み合わせて対応できる「小規模多機能型居宅介護」を探すことができ、退院しました。さらに先々のことを考えて「グループホーム」と「特別養護老人ホーム」も、いくつか申しこんでおきました。数か月後にグループホームの一つから「空き室ができた」と連絡が来たのをきっかけに移り、そこでは医師の訪問診療も受けるようになり、穏やかに暮らしています。

グループホームの費用は、家賃・食費・管理費などが月に一五万円ほどかかります。このほかに介護保険サービス利用費があり、「要介護二」で限度額が月に一九万四八〇〇円、そのうち本人負担は一割なので、一万九四八〇円以内です。

それに訪問診療の本人負担が約一万円で、合わせて一か月で一八~二〇万円くらいと、かなりの金額になります。Kさんはかねがね「将来施設にはいったらお金がいるから」と夫が残してくれたお金と年金を節約していたので、今のところは何とかなっています。が、これからは心配もあります。

経済的に苦しい場合の、「高額介護サービス費」制度を利用して、少しお金が戻ってきました。これは、自己負担金額が上限額を超えたときは、超えた分のお金が戻ってくる制度です。自己負担の上限額は、一般世帯なら三万七二〇〇円、世帯全員が住民税を課税されない世帯では二万四六〇〇円あるいは一万五〇〇〇円です(二〇一四年、関西)。

Kさんの、八〇代でのひとり暮らしを成り立たせたのは、本人のがんばりと、遠くに住む息子、そして次のような大勢の人とサービスでした。

隣人、民生委員、かかりつけ医、警備会社の緊急通報コール、ケアマネジャー（状況によって交代したので三人）、ホームヘルパー、コンビニの宅配弁当、生協の宅配、デイサービス、訪問看護、救急車、病院、小規模多機能型居宅介護、グループホーム、訪問診療。

未来にいかせる知恵は何か

少し前までは大家族が一般的だった地方でも、高齢者だけの家族やひとり暮らしが急速に増えています。地域でケアが必要になった人たちを看取りまで長年サポートし、変化を実感している訪問看護師たちは、「ひとり暮らしになっても自分の家で暮らしきることのできる地域を作らなければ、えらいことになる！」と、危機感を募らせているのです。

「年は取りたくないものだ」といくら嘆いても、時間は止められません。「じきにお迎えが来るから……」と思っても、人生はまだまだ続きます。平均余命をみると、六〇歳の男性であと二三年、そして女性は二八年です。七〇歳の男性は一五年で女性が二〇年、八〇歳では男性が八年と女性は一一年、九〇歳になると男性は四年で女性は五年半(二〇一二年)、この数字は年々少しずつ伸びています。この、人類史上初めて私たちが経験する長寿の年月を大切にしなければもったいないし、下手をすると自分も周囲も苦労や愚痴ばかりということになりかねません。

近い将来の老いの暮らしを、弱音や愚痴もこぼしながら、自分の思うようにつくっていくにはどうしたらいいのか? 欧州と日本の在宅ケアを探訪するうちに、筆者なりの五年後一〇年後の姿が浮かんできました。

○シンプルで楽な暮らしにギアチェンジ

心身が弱ったり、病気になったときでも、できれば自宅での暮らしを大切にしたい、ひとり暮らしになったとしても、なるべく気兼ねなく、居心地よく、過ごしたい、と願うのは自然なことです。時とともに変化する体力・知力にあわせて暮らしやすいよう、ひとりの生活にともなうさびしさや危険も考えつつ、日々の衣食住は万事なるべくシンプルに、ギアチェンジします。そのときもデンマークで知った「心、身体、社会、文化」の要素が大切です。「自分の好きなこと」をたくさんつくっておくと、楽しみや張りが生まれます。落ち込んだときにもそれを思い浮かべることで気分が変わるように、季節の変化、おいしいもの、友人、家族、趣味、おしゃれ、ペット、テレビやラジオ……なんでもいいのですが、ひとりでも楽しめることも大事です。

友人や家族と電話しあったりいっしょに食事したり、お正月や季節の行事や誕生日には集まったり、よく行き来する。こうした社会的な交流が「ひとり暮らしでも、ひとりぼっちじゃない」生活につながります。長い人生を歩んだなかでの心の悩みや心配事や愚痴はかかえこまないで、信頼できる人と話せると少しは楽になります。ただ、聞く人は一人で全部受け止めるのは大変なので、お互いに打ち明け話ができるような友人や家族が何人かいるように、気をつけたいものです。

年齢を重ねるとともに心と身体の動きがゆっくり穏やかになり、外出がおっくうになる分、住まいが重要になります。「自宅でも、誰かと同居でも、施設などでも、いま住んでいるところがベスト」と心得て、好きな家具や思い出の品や写真などを身近に置いておくと、心が活性化して活きいきと暮らせそうです。

住まいの構造や便利さと本人の心身の状態との兼ね合いで、自宅では無理になったり引っ越しが必要になることも、想定されます。その時その時の体力・知力の変化にあった場への引っ越しも、柔軟に考えられるようにしたいものです。

○助けてもらうときは、はっきり伝えて堂々と

自分でできることは最大限がんばり、しかし自分のできないことがあることも、認めるしかありません。「自分ですること」、「家族や近所の人に頼むこと」、「ケアサービスを入れること」とサポートの層を重ねていきます。誰かに何かを頼むときは、「何をどう助けてもらいたいか」をよく考えて、できればメモをしておいて、ていねいに伝えて、してもらうほうが、後で「こんなはずじゃなかった」という困った事態を防げるように思います。

介護保険の在宅ケアサービスを利用するときは、サービスの内容をケアマネジャーやサービス事業者と相談して決めなければなりません。暮らしの主人公は私、というつもりで「何に困っているか」、「どう助けてもらいたいか」を伝えると、ケアマネジャーは介護保険でできることとできないことを教えてくれます。そして助けてもらうとなったら、堂々と。ケアスタッフと利用者の関係は目上でも目下でもなく、お互いに敬意をもって、心を開いての交流をめざしたいものです。

こうして、助けてもらいたいことは何か、どんな暮らしをしたいか、などを自分で考えて

伝えることに慣れておくと、その延長線上で、事前意思表示やリビングウィルもできるのではないでしょうか。

○老いの暮らしにともなう危険について

自分自身や身近の人たちを見ていると、六〇代、七〇代、八〇代、九〇代、一〇〇歳と年とともに体力・知力が変化し、目、耳、歯や足腰がおぼつかなくなったり、何かとおっくうになったり、認知の問題が生じるのは自然なプロセスだと思います。いくら安全に気をつけていても、毎日の暮らしの中で、いろんな不自由さや危険がともなうことは避けられません。自宅で自由に過ごしていれば、転んだり、外出して迷子になったり、事故の危険もあるでしょう。施設などで暮らせば、衣食住すべてが整い安全に守られるのですが、反面、その人の役割や気力が失われたり、安全重視のあまり自由な行動を制限されて、かえって衰えてしまうケースも、現実に起きています。

どこで暮らすにしても、その生活にともなう危険はついてきます。それをわかったうえでどんな暮らしをするか、決めるのは結局は本人ですし、本人しか決められないこともたくさんあります。周囲の人は、本人が決められるよう、そして本人の決めたことが実現できるようにサポートするだけです。老いの暮らしにある程度の危険がともなうことは、本人も周りも覚悟が必要でしょう。

○老いを支えるサービスも、制度もシンプルに

今後数十年間、高齢者は増えつづけるため、ケアを必要とする人々は減らないでしょう。ケアやサポートも限られた中で、みんなでわけあうしかありません。欧州四か国それぞれが働く人のやりがいや労働環境の改善を前提にしたケア提供の効率化に真剣に取り組んでいましたので、参考になることがたくさんありそうです。

在宅ケアは、利用者とスタッフとの関係の中で、状況の変化に即応しておこなわれることが必要です。利用者本人を知り、周辺の事情もわかっている現場でこそ、適切な判断やケアプランができます。現場がその責任を果たせるようになるには、スタッフの力量と倫理性を維持し、向上するための研修や休暇の確保が不可欠です。欧州の在宅ケアスタッフの実践力重視の教育と、日々の活動の実践知を力にする挑戦は、示唆に富んでいます。

在宅ケアの要ともいえる、「ケアマネジメント、看護、介護」の三つをどう組むかは、日本と欧州で異なるポイントです。日本の現在の制度ではこの三つが別事業なので、一人の利

用者に別の事業所からやってくるため、互いの連絡にかなりの手間をとられています。欧州はこの三つが同じ事業所なので、連絡の手間がかからず、状況変化への対応もスピーディーです。

また介護保険、医療保険、行政サービスの三つがそれぞれに類似したサービスを提供し、（デイケアとデイサービスとデイリハビリのように）、その一つずつについて、サービスの必要性の審査、契約、支払いなどに、実に多くの手続きを求めてきます。これは事業所レベルでは、事務・管理業務の負担が大きく、現場を圧迫しています。利用者レベルでも、違いもわかりにくく複雑な上に説明も契約や費用請求もそれぞれに必要で、認知症のひとり暮らしを想定すると、こなせることではありません。この点は、事務や管理業務のシンプル化や制度自体の整理が不可欠と思います。ひいては、事務管理関係の人数を減らし、現場のケアの人数確保や勤務条件整備に回すことにもつながるのではないでしょうか。

欧州の家庭医と日本のかかりつけ医では、仕組みがずいぶん違いますが、学べる点も多くあります。地域看護師などとのチームでのプライマリケア、患者の心身を総合的に診る全科診療、患者の検査や治療データを生涯通して把握する継続性、患者中心の医療面接などが、未来の私たちの老いの支えになる本質的な要素ではないかと思います。

日本は、どの開業医や病院にかかるかは患者が探して自由に選択します。これは、自分で探し、判断して選択できる間はいいのです。しかし、認知症のひとり暮らしの人をはじめ、自分で必要な医療を選択する力を失い、この仕組みを使いこなせない状態の人が増える将来も、この仕組みで対応できるかどうかは、疑問も浮かびます。

日本でも、近所の信頼できる医師に「ずっと診ていただけませんか」と相談してもよいのではないでしょうか。具合の悪いときはいつも受診し、必要なら病院や専門医に紹介してもらいます。そして病院での検査や治療のデータを医師に伝えて、欧州の家庭医のように継続して診てもらうのです。

こうして、現在のサービス提供制度全体を、老いの暮らしの現実に即して、シンプルに組み立て直すことも迫られていると思います。

○持てる力をいかして助けあう

日本の高齢者の近所づきあいは、第1章で見たように、外でちょっと立ち話(七割)や物をあげたりもらったり(五割)する程度。さらには近所の人とほとんど交流がないという人が三割もいるなど、近所づきあいが薄いのが特徴です。「人とのかかわりがむずかしい」と感じる人は、私自身も含めて多いのではないでしょうか。

しかし、老いの暮らしでは何かと助けてもらわなければならないことも多く、人とのかかわりの重要性が増していくばかりです。その点、ドイツやオランダでは近所の助けあいの多いことが印象的でした。そして那須塩原の街中サロンなじみ庵の活動に、人とのかかわりの身近なヒントがあると思います（一六三ページ）。ここでは、地域の七〇代、八〇代、九〇代の人たちとボランティアが出会い、互いに気にかけて見守りあう仲間がいる環境をつくっています。自分のできることを自分のペースでおこなえば、自助の力が高まり、ケアされるような立場になったかもしれない人が、支えあう人になっているのです。

わたしたちは、ケアを利用するときもあるでしょうが、ケアを提供したり、つくったりする側にもなれます。ボランティアと言うほどでなくても、ちょっとしたことを相談したり助け合えるような人――家族、隣人、友だち、場が、近所にあると、老いの暮らしには助かります。そのためには、まず自分が「手伝いを頼まれる」、「相談してもらえる」ような隣人・友人になるきっかけを探すことから始めたいと思います。

電車でお年寄りに席を譲るような気持ちで、ご近所でゴミ出しや道ですれちがうときにあいさつの声をかけてみるとか、町内会や地元の集まりに行ってみるとか。顔見知りが自然に増えて、心強いですし、自分なら何をどう助けてもらいたいか、を考える参考にもなります。

また、地域の人と話していると、いろんな分野の力を持ったシニア世代が多いことに気づきます。人生経験にもとづく知恵が豊かですし、看護、介護、医療の仕事をしている人も意外に多いのです。こういう人たちがいっしょに体力や時間の無理のない範囲で、それぞれの得意分野の知識や技術をいかして活動していければ、いろいろな可能性が広がります。

これからは、看護、介護や医療の専門家をめざす人が大いに必要です。このような人たちの教育では、実習が重要なのですが、実習に協力してくれる人を探すのに苦労しているそうです。私たちが医療や介護サービスを利用しているときに「実習生もいいですか」と依頼されたら協力することが、将来の人材育成に直結する助けになります。

このほか、もし経済的に余裕があれば、自分が応援したい活動に寄付をする、なども大事な社会貢献になると思います。

いかがでしょう。今から始めれば、五年後一〇年後にはできそうな気もします。自分の意思でできることです。できそうなことから、ごいっしょに動いていきませんか?

おわりに——気持ちのよい昼下がりに

日本でも欧州でも、今のシニア世代は戦争の時代をくぐり抜け、社会的にも、家族どうしでも、自分自身でもいろんなことを経験しています。長く生きてきただけに、うれしいこと楽しいことに張り切っていた時代もあり、思うようにならない失意も味わい、酸いも甘いも嚙みわけて、豊かな人生経験の知恵を身につけて今日の日を迎えています。

街を歩いていて気がつくと、商店、コンビニ、スーパー、デパート、銀行、映画館、展覧会……どこも昼下がりはシニア世代ばかりです。

気持ちのよい初夏の昼下がり、街の小さなレストランでは、ランチを味わっているシニア世代の姿をよく見かけます。ひとりで来ている人は、静かにゆっくり味わっています。「戦争中は、こんなおいしいものはなかったなあ。おいしいもまずいも、とにかく食べるものが何にもなかったんだから」と、いつも同じセリフの二人連れ。髪の白い男の人や女の人が元気に笑い転げているテーブルの話題は、自分や家族の病気や介護のことで、日々の苦労が偲ばれます。

　こんなレストランは、まるでデイサービスが自然発生しているみたいです。お店の人もシニア世代のお得意様のゆっくりペースに合わせて上手に丁寧に対応して、双方でよい関係が成り立っています。

　交差点のシルバー世代の二人連れ、一人は車いすです。その車いすが段差でつっかかったりしていると、若い男女が何人もさっと寄ってきてあっという間に助けてくれて、すぐにそれぞれの用事に戻っていく。こんな光景も自然にみられるようになりました。

　介護保険でヘルパーやデイサービスを頼んでいる九〇歳近い女性も、外出には車いすを使って、街の人によく助けてもらうそうです。ところが、本人は「本当にありがたいのだけれど、それが照れくさくて……」と打ちあけてくれました。それが強い動機づけとなって、日々の暮らしをできるだけ自分で動こうとする動作や思考やコミュニケーションが、すべて生活リハビリとなり、杖で近所の買い物くらいは行けるようになりました。そうするうちに、デイサービスやホームヘルパーなど介護保険サービスから「卒業」できたのは、驚きです。

　もちろん、またサービスが必要な状態になる日が来るかもしれませんが、そのときには、介護保険のケアマネジャーに連絡すれば、いっしょに対応してもらえる、という信頼感はできています。

老いのプロセスは順調なことばかりではなく、認知症がひどくなったり、思わぬ怪我をしたり、病気が悪化して命が危ぶまれたり……と、大変なことがいろいろ発生して、そのことに翻弄《ほんろう》される状況も覚悟しなければなりません。「大変な人がいるのではなく、大変な時期があるだけ。そして時間がかかっても、またその人なりの落ち着きを取り戻せる」。高齢者ケアや認知症の地域ケアに取り組む医療や介護のプロは口々に言い、説得力ありです。

このようなさまざまなシーンのなかに、納得の老後の姿が、ほのかに見えてきます。

現場感覚に優れた多くの方といっしょにこの本ができたことを、心から感謝しています。

まずは、かつて日本看護協会の調査研究部と広報部での長年の勤務が基になって発展し、お会いすることができた、日欧の大勢の医療福祉の専門家と利用者のみなさんに、こころからお礼を申し上げます。

そして欧州取材でお世話になった、忘れられない方々。ドイツでは、安田育代さん、内田元子さん、堤賀代子さん、田中伸至さん、ライン・マイン友の会、Daniela Hofler-Greinerさん。オランダでは、堀田聰子さん、シャボットあかねさん、Jos de Blokさん。デンマークでは、千葉忠夫さん、いつみラワーセンさん、大加瀬恭子さん。英国では、季羽倭文子さん、重松加代子さん、谷田悟さん、佐藤美穂子さん、澤憲明さん、外狩仁美さん、Ros Bryarさん。そして、伊藤直子さん、三〇年後の医療の姿を考える会、福祉フォーラムジャパン、北欧研究会、リバティインターナショナルのみなさんとのディスカッションは示唆に富んでいました。

今は高齢の両親および義母の後半生の歩みを手伝えている日々、そこで飾らずに見せてもらえる姿は、いつも私の大きな学びとなっています。

取材が積み重なって頭の中で渦を巻いている状態だった私に、『コミュニティケア』(日本看護協会出版会)の望月正敏さんが用意してくださった「コミュニティケア探訪」(隔月連載)は、三〇回を超え、いまも現場の紹介を続けています。そして、国際医療福祉大学大学院の医療福祉ジャーナリズム分野で、大熊由紀子教授はじめ、先生方のご指導によりまとめた修士のための論文がこの本の土台になりました。毎日新聞の永山悦子さんの思いがけない提案から、日曜版で四週ごとの連載『老いとつきあう　楽しい知恵を探して』が続いており、利用者の視点を改めて意識しています。

本を書くよう一〇年も前から勧めてくださったのは、作家の中島みちさんでした。ホスピスケア研究会の季羽倭文子さんには、海外取材のための周到な準備をたくさん学びました。ライフサポート社の佐藤信也さんには「医療の未来と介護の進路を示す本に」と大きな目標をいただき、そして、岩波新書の坂本純子さんのサポートにより、心細い私の、六一歳なりの、初めての単著を世に出すことができました。

全国各地、世界各国で大勢の人が人類史上初の長寿を迎えて、納得の老後は？　と考えることができるのも、平和なればこそ、です。

この本に紹介したすべての活動や、対応困難な認知症の人が目覚ましく改善するフランス発の認知症ケア「ユマニチュード」など、さまざまな努力がなされていることに希望を感じながらこの本を終えられることを、幸いに思います。この本を読んでくださるあなたもごいっしょに、五年後、一〇年後に納得の老後をつくるために、少しずつでも動いていけることを願っています。

二〇一四年初夏

村上紀美子

幻 冬 舎 新 書

川島隆太
さらば脳ブーム

「脳トレ」ですっかりおなじみ、
東北大学の川島教授のもとには、
毎日のように「頭がよくなる」「ボケが治る」
といった類の胡散臭い話が持ち込まれる。

大貫智子
韓国を蝕む「儒教」の呪縛

韓国の若者が就職もせず
高齢の両親にパラサイトする理
由は何か。若者の自殺、いじ
めの増加の原因は。日本以上
の学歴社会・超競争社会の
裏には、伝統的な「儒教精神」
の歪みがある。

「団塊」経営者の遺言

高杉良

経済小説の第一人者が
甲南大学の杉村芳美教授と
いう稀代の聞き手を得て、
青春時代の読書、作家を目
指したきっかけ、さまざまな
作品の背景について縦横に
語った一冊。

森健
ユーチューバーが消滅する未来

AIが発達した二〇二〇年代、
私たちの職業はどのように変
わるのか。 ベストセラー『グ
ーグル・アマゾンが神になる日』
の著者が大胆予測。

東京大学第二十八代総長が語る

濱田純一

東大、紛糾する日本の大
学改革のこれからを鋭く問う
「東大は『and』の大学であ
れ」。東京大学の総長を二〇
〇九年四月から二〇一五年
三月までの六年間務めた著者
が、……「東大」とは何かを問
う一冊。

幻冬舎新書 335

ヤンキー経済
消費の主役・新保守層の正体

二〇一四年一月三十日 第一刷発行
二〇一四年四月 十 日 第五刷発行

著者 原田曜平
発行人 見城 徹
編集人 志儀保博
発行所 株式会社 幻冬舎
〒一五一―〇〇五一 東京都渋谷区千駄ヶ谷四―九―七
電話 〇三―五四一一―六二一一(編集)
〇三―五四一一―六二二二(営業)
振替 〇〇一二〇―八―七六七六四三
ブックデザイン 鈴木成一デザイン室
印刷・製本所 株式会社 光邦

GENTOSHA

JASRAC 出 1316313-305

Printed in Japan ISBN978-4-344-98336-6 C0295
は-10-1
幻冬舎ホームページアドレス http://www.gentosha.co.jp/
*この本に関するご意見・ご感想をメールでお寄せいただく場合は、comment@gentosha.co.jp まで。

岩波新書新赤版一〇〇〇点に際して

ひとつの時代が終わったと言われて久しい。だが、その先にいかなる時代を展望するのか、私たちはその輪郭すら描きえていない。二〇世紀から持ち越した課題の多くは、未だ解決の緒を見つけることのできないままであり、二一世紀が新たに招きよせた問題も少なくない。グローバル資本主義の浸透、憎悪の連鎖、暴力の応酬――世界は混沌として深い不安の只中にある。

現代社会においては変化が常態となり、速さと新しさに絶対的な価値が与えられた。消費社会の深化と情報技術の革命は、種々の境界を無くし、人々の生活やコミュニケーションの様式を根底から変容させてきた。ライフスタイルは多様化し、一面では個人の生き方をそれぞれが選びとる時代が始まっている。同時に、新たな格差が生まれ、様々な次元での亀裂や分断が深まっている。社会や歴史に対する意識が揺らぎ、普遍的な理念に対する根本的な懐疑や、現実を変えることへの無力感がひそかに根を張りつつある。そして生きることに誰もが困難を覚える時代が到来している。

しかし、日常生活のそれぞれの場で、自由と民主主義を獲得し実践することを通じて、私たち自身がそうした閉塞を乗り超え、希望の時代の幕開けを告げてゆくことは不可能ではあるまい。そのために、いま求められていること――それは、個と個の間で開かれた対話を積み重ねながら、人間らしく生きることの条件について一人ひとりが粘り強く思考することではないか。その営みの糧となるものが、教養に外ならないと私たちは考える。歴史とは何か、よく生きるとはいかなることか、世界そして人間はどこへ向かうべきなのか――こうした根源的な問いとの格闘が、文化と知の厚みを作り出し、個人と社会を支える基盤としての教養となった。まさにそのような教養への道案内こそ、岩波新書が創刊以来、追求してきたことである。

岩波新書は、日中戦争下の一九三八年一一月に赤版として創刊された。創刊の辞は、道義の精神に則らない日本の行動を憂慮し、批判的精神と良心的行動の欠如を戒めつつ、現代人の現代的教養を刊行の目的とする、と謳っている。以後、青版、黄版、新赤版と装いを改めながら、合計二五〇〇点余りを世に問うてきた。そして、いままた新赤版が一〇〇〇点を迎えたのを機に、人間の理性と良心への信頼を再確認し、それに裏打ちされた文化を培っていく決意を込めて、新しい装丁のもとに再出発したいと思う。一冊一冊から吹き出す新風が一人でも多くの読者の許に届くこと、そして希望ある時代への想像力を豊かにかき立てることを切に願う。

（二〇〇六年四月）

村上紀美子

1952年石川県生まれ。75年に東京教育大学卒業(社会学)。日本看護協会の調査研究部を経て、広報部長。2004年からフリーランスの医療ジャーナリスト。2009年から3年間ドイツに暮らす。2013年に国際医療福祉大学医療福祉ジャーナリズム修士課程修了。

編著に『患者の目線 医療関係者が患者・家族になってわかったこと』(医学書院)がある。『医療福祉抑制の時代──マイナス診療報酬下の経営戦略』(日本医学出版)、『明日の在宅医療1　在宅医療の展望』、『チームで進める退院支援──入院時から在宅までの医療・ケア連携ガイド』(以上、中央法規)などに執筆。

『毎日新聞』日曜版で4週ごとに「老いとつきあう 楽しい知恵を探して」を、日本看護協会出版会『コミュニティケア』誌で「コミュニティケア探訪」を隔月、連載中。

納得の老後 日欧在宅ケア探訪　　岩波新書(新赤版)1489

2014年6月20日　第1刷発行

著　者　村上紀美子《むらかみきみこ》

発行者　岡本　厚

発行所　株式会社 岩波書店
〒101-8002 東京都千代田区一ツ橋2-5-5
案内 03-5210-4000　販売部 03-5210-4111
http://www.iwanami.co.jp/

新書編集部 03-5210-4054
http://www.iwanamishinsho.com/

印刷・精興社　カバー・半七印刷　製本・中永製本

ISBN 978-4-00-431489-9　　Printed in Japan

主要参考文献

はじめに

OECD, *Health at a Glance 2013: OECD Indicators*, 2013

第１章

田中耕太郎「介護手当(金銭給付)の意義、実施状況およびその評価」『海外社会保障研究 No. 131』国立社会保障・人口問題研究所、2000 年

『要介護高齢者の住まい(住宅、施設)の機能と評価のあり方に関する調査研究事業　報告書　平成 23 年度老人保健事業推進費等補助金(老人保健健康増進等事業)』明治安田生活福祉研究所、2012 年 3 月

田中伸至「ドイツの家庭医と医療制度」『健保連海外医療保障 No. 93』健康保険組合連合会社会保障研究グループ、2012 年 3 月

南和友『こんな医療でいいですか？——ドイツから日本へ 30 年ぶりの復帰からみえてきた日本の医療とは』はる書房、2009 年

南和友『日本の医療危機の真実——いまこそ求められる医療制度改革』時事通信出版局、2013 年

樽井正義ほか「ドイツの看護教育の概要　実践家教育への示唆」『看護教育』医学書院、2009 年 12 月

金井一薫「日本の看護と介護のこれからを問う　ドイツの看護教育制度を通しての提言」『訪問看護と介護』医学書院、2012 年 7 月

村上紀美子「コミュニティケア探訪」『コミュニティケア』

日本看護協会出版会、2010年11月、2012年1月、2013年11月

第2章

堀田聰子「オランダ介護事情」『経営協』、2011年1月
堀田聰子「オランダのコミュニティケアの担い手たち（前編）在宅ケアのルネサンス――Buutzorg」『医学界新聞』医学書院、2012年7月16日
堀田聰子「オランダのコミュニティケアの担い手たち（後編）――コーディネートされた認知症ケア――Geriant」『医学界新聞』医学書院、2012年7月30日
「特集　日本在宅医療のBuurtzorgとの邂逅――何を学び、どう活かすのか」『訪問看護と介護』医学書院、2014年6月
Leferink, A., De Blok, J., Nandram, S., and Hotta, S.「Buurtzorg Nederland and ICT Innovation」『病院』医学書院、2014年6月
村上紀美子「コミュニティケア探訪」『コミュニティケア』日本看護協会出版会、2011年5月、7月

第3章

内村鑑三『デンマルク国の話』岩波文庫、1946年
千葉忠夫『世界一幸福な国　デンマークの暮らし方』PHP新書、2009年
湯沢雍彦『少子化をのりこえたデンマーク』朝日選書、2001年
大熊由紀子『「寝たきり老人」のいる国いない国』ぶどう社、1990年
村上紀美子「コミュニティケア探訪」『コミュニティケア』

日本看護協会出版会、2011 年 1 月、3 月、2013 年 1 月、3 月

第 4 章
白瀬由美香「看護師の職務拡大と地域医療連携――イギリスにおける処方権の移譲をめぐる考察」『社会政策学会第 119 回(秋季)大会』金城学院大学、2009 年 11 月 1 日
外狩仁美「イギリス在宅緩和ケアの“今”」『訪問看護と介護』、2010 年 11 月
ナイジェル・ドッズ「イギリス　改めて高まる「地域緩和ケア」の価値“死”を地域で受け止める新たな戦略」『訪問看護と介護』、2012 年 11 月
坪井桂子、小野幸子ほか「特別寄稿　イギリス&デンマークの高齢者ケア」『コミュニティケア』、日本看護協会出版会、2012 年 12 月、2013 年 1 月
澤憲明「これからの日本の医療制度と家庭医療『明日の医療制度構築における課題』」『社会保険旬報』2489、2491、2494、2497、2500、2506、2513、2012 年
三原岳「レポート　英国プライマリ・ケア事情――日本の医療制度改革に向けたヒント」 東京財団ホームページ、2013 年 12 月 18 日
一圓光彌、田畑雄紀「イギリスの家庭医制度」『健保連海外医療保障 No. 93』健康保険組合連合会社会保障研究グループ、2012 年 3 月
武内和久、澤憲明「プライマリ・ケアで変わる日本の医療」web.URL healthcare-agora.com
30 年後の医療の姿を考える会編『メディカルタウンの再生力――英国マギーズセンターから学ぶ』2010 年
村上紀美子「コミュニティケア探訪」『コミュニティケア』

日本看護協会出版会、2010年3月、9月、2011年11月、2012年3月、5月、9月、11月、2014年1月

第5章

30年後の医療の姿を考える会編『メディカルタウンの自分力——救済の客体から解放の主体へ』、2012年
秋山正子『在宅ケアのはぐくむ力』医学書院、2012年
季羽倭文子『がん告知以後』岩波新書、1993年
季羽倭文子『死に向き合って生きる——ホスピスと出会い看護につとめた日々』講談社、2011年
葛西龍樹『医療大転換——日本のプライマリ・ケア革命』ちくま新書、2013年
村上紀美子「老いとつきあう　楽しい知恵を探して」毎日新聞、2013年6月30日、7月28日
村上紀美子「コミュニティケア探訪」『コミュニティケア』日本看護協会出版会、2011年9月、2013年2月、2014年3月、5月

各国の家庭医

ドイツの家庭医の養成、研修、報酬

ドイツの家庭医は、正確には「総合医療医師(Allgemeinmedizin)」だが、日常的には「家庭医(Hausarzt)」と呼ばれます。このほか、開業専門医として「婦人科医、小児科医、整形外科医、精神療法医」などがあります。

〈医師になるための養成教育6年間と国家試験2回〉

6年間の大学での医学教育(病院等での臨床研修8〜12か月、救急部門、看護業務3か月等を含む)。

医師国家試験は、2回(1次、2次)。2年生修了時に医師国家試験1次(筆記と口頭試問)があり、合格後、2年10か月以上の教育を終えた後に「臨床実習学年」に進みます。

臨床実習学年は16週ごとに、内科、外科、家庭医または他の専門科目を回る(家庭医を選択した場合は、診療所での臨床実習が必須)。

合計6年間の教育の後に、医師国家2次試験がおこなわれます。筆記試験では、症例にもとづいて出題されます。口頭試問では、臨床実習での科目についておこなわれ、実際に患者を診察し、患者の病歴、診断、予後予測、治療計画策定を求められます。

医師国家2次試験に合格すると、試験を実施した州の所管庁に申請して、医師免許を取得できます。

〈専門分野標榜のための卒後研修〉

診療科を標榜するためには、医師免許を取得後に、州医師会がおこなう卒後研修の修了と承認が必要です。

標榜できる診療科は 33 科あり、家庭医もその 1 つです。

卒後研修は、指導者の下で報酬をともなう臨床業務を、1 科につき 3 年以上おこないます。原則としてフルタイムで勤務します。

家庭医の卒後研修は、5 年間。そのうち 3 年間は内科の入院診療、2 年間は家庭医診療所でおこない、さらに精神身体医学における基本診療の講習 80 時間が必要です。

〈家庭医としての開業〉

医師免許を取得し、卒後研修を修了して標榜診療科(家庭医)の資格を得て、医籍に登録したうえで、州の保険者等による委員会に開業申請を出します。そこで、許可が得られると、開業できます。

開業の許可は、医師の適正配置のための需要計画(州の保険医協会が保険者団体の合意を得て策定)の下でおこなわれます。

〈家庭医の法的任務〉

患者の家庭環境を踏まえた総合的・継続的な医学的ケア、診断、治療、看護の調整。

患者情報(治療データ、診断所見等)の収集と評価および保存など。

〈診療報酬〉

診療行為ごとの単価でなく、包括支払い報酬(一定の請求期間内の患者ケアや診療の調整、診療文書管理など通常おこなう全体を包括)。

基本包括点数は、患者の年齢別(5 歳以下、6〜59 歳、60 歳以上)に設定されます。ほかの保険医に紹介した場合も、約半分の点数が算定できます。

このほか、特に推奨される検査や治療 13 項目には、個別の追加給付があります。

症例数が一定数を超えると、診療報酬が減額されるなどの措置が取られます。

(田中伸至「ドイツの家庭医と医療制度」『健保連海外医療保障 No. 93』健康保険組合連合会社会保障研究グループ、2012 年 3 月を参考にして筆者が作成)

デンマークの家庭医の教育、開業、報酬

〈医学部教育・卒後研修〉

高校を終えて、医学部で 6 年学ぶと、卒業時に医師資格が得られます。

その後、卒後研修 1 年半が必須です(内科、外科に加えて、自分の関心のある科を選択できる)。

家庭医になるには、さらに家庭医診療所での研修が必要ですし、産科、小児科、耳鼻科などなるべく多くの科の経験を積むことが望ましいのです。

医学生の希望としては、産婦人科は人気が高い。足りないのは小児精神科医だろうということでした。デンマークは出生率が 1.8 を超えています。

〈家庭医の申請・開業〉

卒後研修を積んで、家庭医になる自信がついたら、経歴書と指導者の推薦書をつけて、デンマーク保健省に申請します。そして審査を受け、認可を得ます。

家庭医の配置は全国的にコントロールされており、担当人口の枠があるので(およそ 1400 人に 1 人の家庭医)、空くのを待たなければならないこともあります。家庭医診療所の空きが出たら、自己資金で診療所を購入して開業を始めます。

〈診療報酬〉

診療に対する報酬は、医療を管轄する州予算から支払われます。

デンマークの診療報酬は、基本報酬(受け持ち住人 1 人について年間 200 クローナ)＋診療行為別の出来高払い、です。ここからスタッフの人件費なども、ねん出します。

診療報酬の不正請求がないよう「地域の家庭医の平均的な収支に照らして、突出していないか」という観点で審査がなされています。

デンマーク医師会とは別に、家庭医の組合があり、この出来高払い料金表を定めるときの交渉など、家庭医の収入を守り生活を保障する活動をしています。

〈医学の最新知識を身につける責任〉

家庭医になったら、医学の最新の進歩についていく責任があります。研修コースが数多く用意され、そのなかから自分で必要なコースを自由に選んで積極的に参加します。研修で診療所をあける間は、休暇と同じ仕組みで、家庭医グループでカバーし合います。

「研修に出ないのは、医師になりたてか、自分が認知症になった医師くらい」とヘニングさんは付け加えました。そのわけを聞くと、ある家庭医が認知症になっても診療を続けていて、その人は研修に出てなかったので、事態の発見が遅れたという事件が、かつてあったそうです。

〈資格のチェック〉

医療事故でも起こさないかぎりは、医師の適格性のチェックはありません。医師資格の更新制度もありません。

(デンマーク北フュン島市の家庭医、ホルガ・ヘニングさんに、2010年に取材)

英国の家庭医の教育、試験、再認定

かつては、家庭医(Family Doctor＝General Practitioner)になるには、教育は必要なく、本人の登録だけで家庭医になっていました。

その後1960年代には「家庭医療専門医の試験」が導入されて、希望者のみ受験するようになりました。1981年

には3年間の家庭医療専門研修プログラムが必須となり、さらに2007年からは「家庭医療専門医の研修プログラムを修了」し、「家庭医療専門医試験に合格」が必須の免許制となり、現在に至ります。英国家庭医協会(Royal College of General Practitioners　RCGP)が、資格認定登録をおこないます。

〈医学部での教育(5年間)〉

高校卒業後、大学の医学部(5年間)で学び、医師資格を取ることから始まります。医学部に進学するには、全英共通試験(GCSEs)で数学・英語・理科を含む6教科で最高ランクが必須です。さらに医師という職業への適性や素質〔傾聴、コミュニケーションスキル、口頭説明、意思決定など〕をみる「英国臨床適性試験：UKクリニカルアプティテュードテストUKCAT」をおこなう医学部が増えています(全英で26医学部、2012年現在)。

医学部では、論理的思考にもとづく臨床能力やコミュニケーション重視の厳しい教育がなされます。医学部のほかに、公衆衛生、生化学、心理学などの専門分野を学ぶ学生もいます(1年間)。

〈医学部卒業後の臨床研修(基礎2年＋後期3年＋試験)〉

医学部教育を修了して医師資格を得た後で、臨床研修に入ります。

- **初期基礎研修(2年間)**：4か月ごとのローテーションで、医師としての基礎となる病院や専門臨床分野や外国での実務研修です。医師としての独り立ちと、後期の専

門研修への橋渡しになります。

- **後期専門研修（3 年間）**：基礎研修後に 3 年間、指導医がついて 6 か月ごとにローテーションで研修を積みます。家庭医コース希望者は人気があり定員の約 2 倍。前半 18 か月は病院で 3 科（一般内科、救急、小児科、精神科、産婦人科、緩和医療科などを推奨）。
  後の 18 か月は〝家庭医トレーナー〟の資格を持つ家庭医のもとでの実務を 3 か所で経験。家庭医の澤さんによると、ここで「家庭医としての知識、技能、職業的態度が叩き込まれる」そうです。

〈家庭医療専門医試験〉

知識（筆記試験 3 時間で 200 問）、臨床技能評価（模擬患者への模擬診療 10 分ずつ 13 人）、職場基礎評価（毎日の臨床活動や患者、同僚、指導者からの評価など、詳細に記録）。

〈家庭医になってからの生涯教育〉

家庭医になった後も、継続教育が生涯にわたり必要です。家庭医の専門研修生を受け入れる〝家庭医トレーナー〟になるための研修も含め、研修内容は RCGP が統括して、全英の教育スタンダードにそっておこなわれます。

〈医師免許の資格再認定制度〉

学生一人ずつの学習、実践、評価を記載した詳細なポートフォリオが作られ、職業人生を通じてずっと蓄積されていきます。

医師免許は５年ごとの再審査が必要です。

過去の家庭医による医療事故や不祥事の反省から、ピアレビュー（同僚評価）がおこなわれてきました。また、医療事故を起こした医師が再教育（リハビリ）により家庭医の仕事に復帰できるプログラムもあります。

（シティ大学ロンドンのロス・ブライア教授の講義、澤憲明氏の講義および文献、そして一圓光彌、田畑雄紀「イギリスの家庭医制度」『健保連海外医療保障　No. 93』健康保険組合連合会社会保障研究グループ、2012年３月を参考にして筆者が作成）